J.-F. Mallet

SIMPLISSIME

LE LIVRE DE CUISINE POUR ÉTUDIANTS LE + FACILE DU MONDE

hachette
CUISINE

M9

Quand on vient d'emménager dans son premier studio pour ses études, cuisiner tous les jours n'est pas évident, surtout quand on a peu (ou pas) de matériel et peu d'espace. Pour vous éviter de mourir de faim ou de vous nourrir exclusivement de plats préparés (voire exclusivement de céréales) ou bien encore de dépenser votre maigre budget au fast-food, je vous ai concocté 100 recettes ultra faciles et rapides.

Avec une plaque électrique, un mini-four ou un four à micro-ondes, et sans autre ustensile, vous verrez que beaucoup de choses sont possibles. Pas besoin de balance, ni de verre doseur, ni de robot, ni de mixeur… Un verre et une cuillère pour mesurer, un couteau et une paire de ciseaux pour couper et une fourchette pour écraser et c'est tout. Concernant la batterie de cuisine, elle se limite à une poêle, un plat à four, une casserole et un saladier.

Je me rappelle aussi que le budget d'un étudiant est très serré. Aussi, j'ai pris soin de créer des plats qui ne coûtent pas plus de 2 euros par portion. J'ai calculé les prix de chaque recette en faisant des moyennes de prix pratiqués dans différentes enseignes. Pour autant, il s'agit seulement d'indications car, selon les magasins, leur localisation et les marques, les prix peuvent varier du simple au double.

J'ai aussi essayé qu'il y en ait pour tous les goûts, des menus comme au fast-food mais avec des produits de qualité et moins gras, des plats tradi comme chez maman – choucroute au micro-ondes, blanquette à la poêle ou bien encore cassoulet express –, et aussi des recettes plus légères et équilibrées.

Enfin, comme tous les autres titres de la collection Simplissime, ce livre est aussi simple à utiliser qu'un célèbre mode d'emploi : 1 à 5 ingrédients par recette, des ingrédients facilement trouvables même au coin de la rue, pas de gestes techniques et presque pas de vaisselle.

Il ne me reste plus qu'à vous souhaiter bon appétit.

MODE D'EMPLOI

Pour ce livre, je pars du principe que vous avez chez vous :

- L'eau courante
- Un réfrigérateur
- Une plaque électrique
- Un mini-four ou un four classique
- Un four à micro-ondes
- Une poêle et une casserole
- Un verre de 10 cl (type verre de cantine), une cuillère à soupe et une cuillère à café pour mesurer
- Un plat adapté à votre four
- Un saladier et des tasses (qui peuvent passer au micro-ondes)
- Un couteau bien aiguisé (vous pouvez aussi utiliser un cutter pour couper des tranches très fines)
- Une paire de ciseaux
- Un rouleau de papier cuisson et de film étirable
- Du sel et du poivre
- De l'huile

(Si ce n'est pas le cas c'est peut-être le moment d'investir !)

Quels ingrédients sont indispensables ?

- **4 bases simples et rapides pour accompagner vos plats :** pommes de terre, riz, semoule et pâtes à cuire au micro-ondes.
- **Quelques conserves de base :** de légumes (champignons, ratatouille, choucroute, cœurs de palmier, maïs), de légumineuses (pois chiches, haricots rouges, haricots blancs à la tomate), de poisson (thon au naturel, à l'huile et sardines), sans oublier quelques incontournables (concassé de tomates, tomates pelées, coulis de tomate et lait de coco).
- **Quelques épices :** curry (ou colombo), cumin, paprika...
- **Quelques herbes :** fraîches, c'est mieux mais vous pouvez toujours (ou presque) vous rabattre sur les herbes séchées.
- **Quelques condiments :** ketchup, mayonnaise, moutarde...

Que privilégier pour les petits budgets ?

- **Pour la viande :** c'est le porc (sous toutes ses formes) qui est le plus abordable ainsi que la viande hachée et les viandes blanches.
- **Les légumes frais ou leur version surgelée :** pour les légumes frais, privilégiez la saison. Et surveillez les promos !

Quels gestes adopter ?

- **Utiliser un verre de 10 cl (type verre de cantine), une cuillère à soupe et une cuillère à café :** pour mesurer les quantités sans avoir besoin de balance.
- **Couper les herbes aux ciseaux :** la paire de ciseaux de votre trousse conviendra très bien pour découper les herbes fraîches sans les abîmer, couper des merguez ou des rouleaux de printemps en morceaux ou servir des parts de pizza en un temps record.
- **Utiliser en cutter :** si vous n'avez pas de couteau bien aiguisé, pour couper les légumes en tranches fines.

Quel thermostat ?

- Pour les cuissons au micro-ondes, veillez à respecter la puissance conseillée et à utiliser des plats adaptés.

Ne pas oublier de préchauffer le four si vous utilisez un four classique.

90 °C : th. 3	150 °C : th. 5	210 °C : th. 7	270 °C : th. 9
120 °C : th. 4	180 °C : th. 6	240 °C : th. 8	300 °C : th. 10

C'est tout.
Pour le reste, il n'y a qu'à suivre la recette !

POMMES DE TERRE AU MICRO-ONDES

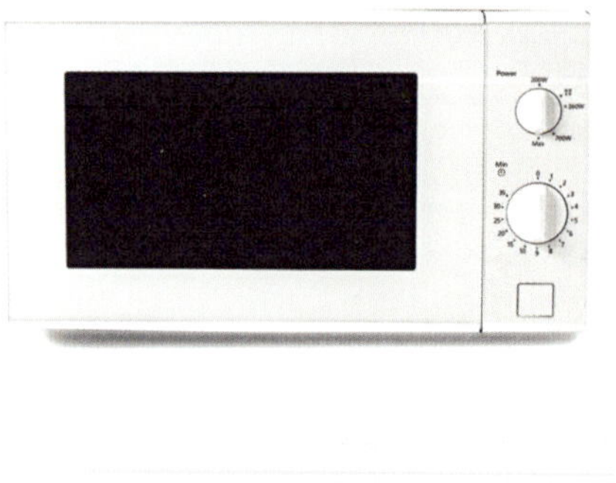

Micro-ondes :
15 min

Pommes de terre
x 4 (moyennes)

Eau
2 verres

Préparation : 1 min

0 € 30/pers.

• Épluchez les **pommes de terre** et coupez-les en morceaux. Mettez-les dans un grand saladier avec 2 verres d'**eau**, couvrez de film étirable et faites cuire 15 min au micro-ondes puissance 800 W.

SEMOULE AU MICRO-ONDES

Micro-ondes :
1 min

Semoule fine
2 verres

Eau
2 verres

Préparation : 1 min

0 € 10/pers.

- Mettez la **semoule** avec 2 verres d'**eau** dans un grand saladier.
- Enfournez 1 min au micro-ondes puissance 800 W.

RIZ AU MICRO-ONDES

Micro-ondes :
20 min

Riz
2 verres

Eau
4 verres

Préparation : 1 min

0 € 10/pers.

- Mettez le **riz** avec 4 verres d'**eau** dans un grand saladier.
- Couvrez de film étirable et enfournez 20 min au micro-ondes puissance 800 W.

PÂTES AU MICRO-ONDES

Penne
5 verres

Eau
6 verres

(pour 1 plat unique)
Cuisson : 15 min

• Mélangez les **pâtes** et les verres d'**eau** froide dans un saladier puis faites cuire 15 min au micro-ondes à 800 W. Égouttez et dégustez.

Farfalles
6 verres

Eau
6 verres

(pour 1 plat unique)
Cuisson : 15 min

• Mélangez les **pâtes** et les verres d'**eau** froide dans un saladier puis faites cuire 15 min au micro-ondes à 800 W. Égouttez et dégustez.

Coquillettes
3 verres

Eau
4 verres

(pour 1 plat unique)

Cuisson : 15 min

• Mélangez les **pâtes** et les verres d'**eau** froide dans un saladier puis faites cuire 15 min au micro-ondes à 800 W. Égouttez et dégustez.

Macaronis
4 verres

Eau
5 verres

(pour 1 plat unique)

Cuisson : 15 min

• Mélangez les **pâtes** et les verres d'**eau** froide dans un saladier puis faites cuire 15 min au micro-ondes à 800 W. Égouttez et dégustez.

TERRINE DE L'APÉRO

Mini-four :
1h
Four classique :
1h à 200°C

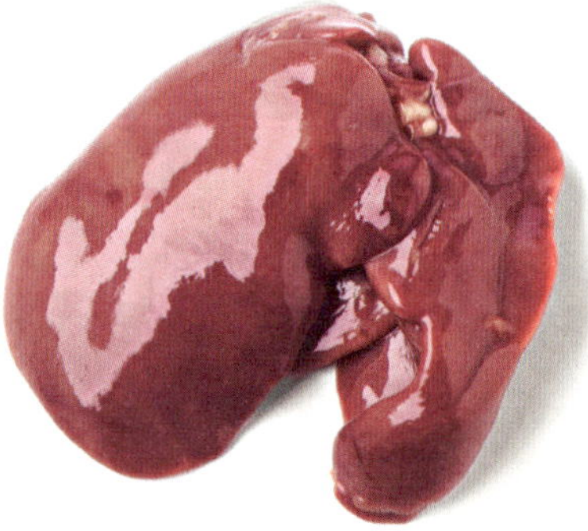

Foies de volaille
x 6 (200 g)

Herbes de Provence
2 cuil. à soupe

Chair à saucisse
200 g

Œuf
x 1

Sel, poivre

Pour un apéro à 4

Préparation : 5 min

Réfrigération : 12 h

0 € 80/pers.

- Découpez les **foies** en tout petits morceaux. Salez, poivrez puis malaxez-les avec la **chair à saucisse**, l'**œuf** et les **herbes de Provence**. Tassez dans un plat à gratin et enfournez 1h à 230°C, cuisson haut et bas.
- Placez au frais 12 h avant de déguster.

APÉRO POUR 2

Mini-four :
25 min
Four classique :
25 min à 200°C

Pommes noisette
x 10 (surgelées)

Tomates cerise
x 5

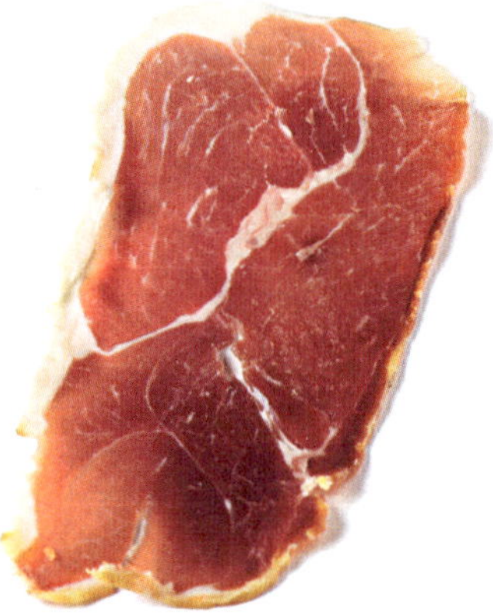

Jambon cru
1 tranche

Préparation : 5 min

0 € 40/pers.

- Enfournez les **pommes noisette** 25 min à 230°C, cuisson haut et bas. Coupez les **tomates cerise** en 2 et le **jambon cru** en 10 morceaux.
- Montez sur 10 petites piques en bois : 1 **pomme noisette**, ½ **tomate cerise** et 1 morceau de **jambon cru**.

CHIPS MAISON AU MICRO-ONDES

Micro-ondes :
30 s

Pomme de terre
x 1 (grosse)

Huile neutre
1 cuil. à soupe

Sel

Préparation : 5 min

0 € 10/pers.

• Lavez la **pomme de terre**, séchez-la et coupez-la en très fines tranches au couteau (ou au cutter) et mélangez-les avec l'**huile**.
• Étalez-les sur le plateau du micro-ondes recouvert de papier cuisson sans qu'elles se chevauchent et enfournez 30 s, puissance 800 W. Recommencez jusqu'à ce que toutes les chips soient cuites. Salez et dégustez.

RILLETTES DE SARDINES

Sardines à l'huile
1 boîte

Fromage frais en portion
x 2

Curry
1 cuil. à café

Baguette
x ¼

Préparation : 3 min

0 € 60/pers.

- Écrasez les **sardines** à la fourchette avec la moitié de leur **huile**, le **fromage frais** et le **curry**.
- Dressez dans la boîte et dégustez avec des tranches de **baguette**.

ROULEAUX APÉRO AU THON

Thon au naturel
1 boîte (130 g)

Mayonnaise
1 cuil. à soupe

Pousses d'épinards
3 poignées (petites)

Coriandre
4 brins

Galettes de riz
x 3 (grandes)

Sel, poivre

Préparation : 10 min

1€ 20/pers.

• Égouttez le **thon**, écrasez-le et mélangez-le avec la **mayonnaise**. Salez et poivrez. Découpez la **coriandre** et les **pousses d'épinards** à la main.

• Trempez les **galettes** dans de l'eau et disposez-les côté lisse vers le bas. Répartissez les **pousses d'épinards** puis le **thon** et la **coriandre** sur les **galettes** et roulez en serrant bien. Coupez les rouleaux aux ciseaux et dégustez.

TOMATES FRAÎCHEUR AU CONCOMBRE

Tomates
x 2

Yaourt à la grecque
x 1

Concombre
x ⅛

Feuilles de menthe
x10 (ou 1 cuil. à soupe séchée)

Sel, poivre

Préparation : 5 min

0 € 55/pers.

- Lavez le **concombre** et découpez-le en petits dés. Coupez la **menthe** aux ciseaux. Mélangez avec le **yaourt**, salez et poivrez.
- Coupez les chapeaux des **tomates**, évidez-les et garnissez-les avec la préparation au **concombre**.
- Servez bien frais.

SALADE DE MELON ET CŒURS DE PALMIER

Melon
x 1

Graines de sésame
2 cuil. à soupe

Cœurs de palmier
x 2

Huile de sésame
2 cuil. à café

Coriandre
2 brins

Sel, poivre

Préparation : 5 min

1 € 80/pers.

- Évidez le **melon** et coupez la chair en morceaux.
- Mélangez-les avec les **cœurs de palmier** en lamelles, la **coriandre** effeuillée et l'**huile de sésame**. Salez, poivrez et servez dans les coques du **melon**.
- Parsemez de **graines de sésame** et dégustez.

ROULEAUX DE PRINTEMPS AU SURIMI

Roquette
4 poignées (petites)

Galettes de riz
x 4 (grandes)

Concombre
x ¼

Surimi
12 bâtonnets

Menthe
20 feuilles

Préparation : 10 min

1 € 35/pers.

• Découpez le **concombre** en bâtonnets et coupez grossièrement la **roquette** et la **menthe** à la main. Trempez les **galettes** dans de l'eau et disposez-les côté lisse vers le bas. Posez les ingrédients sur les **galettes** et roulez en serrant bien.

• Dégustez entiers ou en morceaux.

ROULEAUX POULET-CACAHUÈTES

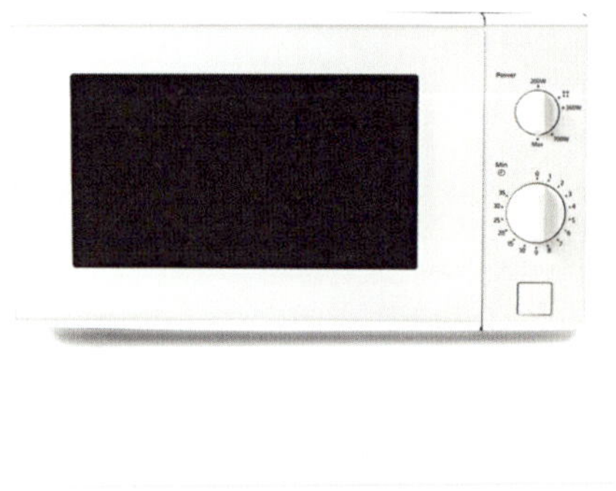

Micro-ondes :
4 min

Blanc de poulet
x 1

Beurre de cacahuètes
2 cuil. à soupe

Galettes de riz
x 4 (grandes)

Salade mélangée
4 poignées (petites)

Sauce soja
1 cuil. à soupe

Préparation : 10 min

1 € 50/pers.

- Mélangez le **poulet** en morceaux avec 1 cuil. à soupe de **beurre de cacahuètes** et faites cuire 3 min au micro-ondes puissance 800 W. Posez les ingrédients sur les **galettes** préalablement trempées dans de l'eau et roulez en serrant bien.
- Faites chauffer 1 min au micro-ondes la **sauce soja**, le **beurre de cacahuètes** restant et 1 verre d'eau. Dégustez avec la sauce.

TABOULÉ À LA PASTÈQUE

Micro-ondes :
1 min

Semoule fine
1 verre

Pastèque
1 morceau (400 g)

Radis roses
x 8

Feuilles de basilic
x 20 (ou 2 cuil. à soupe séché)

Sel, poivre

3 cuil. à soupe d'huile d'olive

Préparation : 5 min

0 € 65/pers.

• Mélangez la **semoule** avec 1 verre d'eau dans un saladier et faites-la cuire 1 min au micro-ondes puissance 800 W.

• Laissez refroidir et ajoutez la **pastèque** coupée en cubes, les **radis** émincés, les **feuilles de basilic** et 3 cuil. à soupe d'**huile d'olive**.

• Salez, poivrez et mélangez.

POMME DE TERRE AU SAUMON

Micro-ondes :
10 min

Lardons de saumon fumé
2 cuil. à café

Pomme de terre
x 1 (grosse)

Feuilles de menthe
x 4 (ou 1 cuil. à café séchée)

Yaourt à la grecque
x 1

Sel, poivre

Préparation : 2 min

1 € 25/pers.

- Lavez et placez la **pomme de terre** dans un saladier, recouvrez de film étirable et faites cuire 10 min au micro-ondes puissance 800 W.
- Mélangez la **menthe** coupée aux ciseaux avec le **yaourt** et le **saumon**, salez et poivrez.
- Fendez la **pomme de terre** chaude en 2, ajoutez le mélange précédent et dégustez immédiatement.

SALADE D'AUBERGINE À LA GRECQUE

Micro-ondes :
10 min

Tomates
x 2

Aubergine
x 1

Origan séché
1 cuil. à soupe

Feta
½ paquet (100 g)

Huile d'olive
2 cuil. à soupe

Sel, poivre

Préparation : 5 min

1 € 10/pers.

- Coupez l'**aubergine** en morceaux, mettez-les dans un saladier, couvrez de film étirable et faites cuire 10 min au micro-ondes puissance 800 W. Laissez refroidir.
- Mélangez l'**aubergine** avec les **tomates** coupées en morceaux, la **feta** émiettée grossièrement, l'**origan** et 2 cuil. à soupe d'**huile d'olive**. Salez, poivrez et dégustez.

TARTINES JAMBON-ABRICOT

Mini-four :
15 min
Four classique :
15 min à 200°C

Abricots
x 2

Pain de campagne
2 tranches

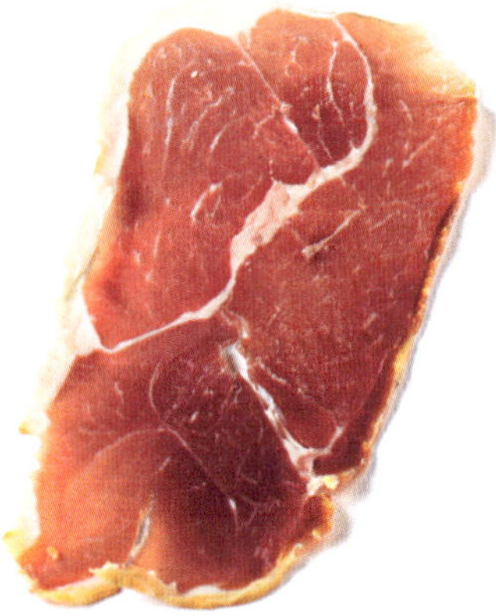

Jambon cru
2 tranches

Parmesan en copeaux
2 cuil. à soupe

Poivre

Préparation : 5 min

1 € 70/pers.

- Posez les tranches de **jambon** sur les tranches de **pain**.
- Ajoutez les **abricots** coupés en quartiers et le **parmesan**.
- Poivrez et enfournez 15 min à 230°C, cuisson haut et bas.
- Dégustez avec de la salade.

TARTINES GRATINÉES AUX LÉGUMES

Mini-four :
20 min
Four classique :
20 min à 200°C

Baguette
x ¼

Tomate
x 1

Fromage à raclette
4 tranches

Courgette
x ½

Herbes de Provence
1 cuil. à café

Préparation : 5 min

0 € 90/pers.

- Coupez la **tomate** et la **courgette** en fines tranches et la **baguette** en 2.
- Répartissez les **légumes** et le **fromage à raclette** sur les tartines de **baguette**. Ajoutez les **herbes de Provence**.
- Enfournez 20 min à 230°C, cuisson haut et bas.
- Dégustez avec de la salade.

TARTINES PIZZA

Mini-four :
15 min
Four classique :
15 min à 200°C

Tomate
x 1

Pain de campagne
2 tranches

Feuilles de basilic
x 6 (ou 1 cuil. à soupe séché)

Mozzarella
x 1

Sel, poivre

Préparation : 5 min

1 € 25/pers.

- Coupez la **mozzarella** et la **tomate** en tranches et posez-les sur les tranches de **pain** avec le **basilic**.
- Salez, poivrez et enfournez 15 min à 230°C, cuisson haut et bas.
- Dégustez avec de la salade.

TARTINES À LA POIRE ET AUX LARDONS

Mini-four :
10 min
Four classique :
10 min à 200°C

Poire
x 1

Lardons
½ paquet (50 g)

Pain de campagne
2 tranches

Parmesan en copeaux
2 cuil. à soupe

Poivre

Préparation : 5 min

1 € 05/pers.

- Épluchez la **poire**, coupez-la en lamelles et déposez-les sur les tranches de **pain**.
- Ajoutez les **lardons** et le **parmesan**, poivrez et enfournez 10 min à 230°C, cuisson haut et bas.
- Dégustez avec de la salade.

POTATOES AU MICRO-ONDES

Micro-ondes :
8 min

Pommes de terre
x 4 (moyennes)

Paprika
1 cuil. à soupe

Cheddar râpé
1 poignée

Sel, poivre

4 cuil. à soupe d'huile

Préparation : 5 min

0 € 60/pers.

• Lavez les **pommes de terre**, coupez-les en quartiers et mélangez-les avec 4 cuil. à soupe d'**huile** et le **paprika**. Salez, poivrez, posez-les sur le plateau du micro-ondes recouvert d'une feuille de papier cuisson et faites-les cuire 3 min, puissance 800 W.

• Ajoutez le **cheddar** et faites cuire 5 min de plus.

MAC' & CHEESE AU MICRO-ONDES

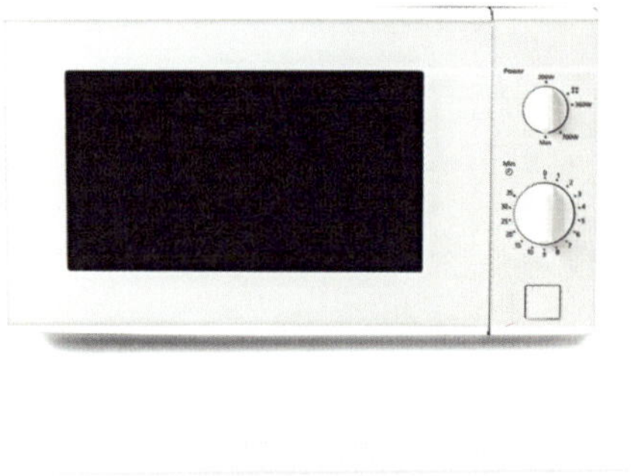

Micro-ondes :
15 min

Macaronis
4 verres

Lait
5 verres

Cheddar râpé
2 poignées

Farine
1 cuil. à soupe

Sel, poivre

Préparation : 3 min

0 € 55/pers.

• Mélangez la **farine** et le **lait** dans un saladier. Ajoutez les **macaronis** et la moitié du **cheddar**. Salez, poivrez. Mélangez.

• Enfournez 10 min au micro-ondes puissance 800 W. Ajoutez le reste de **cheddar**, faites cuire 5 min de plus et dégustez.

RAVIOLIS AU PAPRIKA

Micro-ondes :
15 min

Raviolis frais
1 paquet (au jambon)

Paprika
1 cuil. à soupe

Crème liquide
1 verre

Sel

Préparation : 5 min

1 € 30/pers.

- Mélangez les **raviolis** avec la **crème**, le **paprika** et 1 verre d'eau dans un saladier.
- Couvrez de film étirable et enfournez 15 min au micro-ondes puissance 800 W.

PENNE CARBONARA AU MICRO-ONDES

Micro-ondes :
15 min

Penne
5 verres

Œuf
1 jaune

Lardons
1 paquet (100 g)

Crème liquide
5 verres

Parmesan
1 cuil. à soupe

Sel, poivre

Préparation : 3 min

1 € 10/pers.

- Mélangez les **pâtes** avec les **lardons**, 4 verres de **crème**, le **parmesan** et 1 verre d'eau dans un saladier. Salez et poivrez.
- Faites cuire 15 min au micro-ondes puissance 800 W. Ajoutez le jaune d'**œuf** et le dernier verre de **crème**, mélangez et dégustez.

GRATIN DE MACARONIS AU JAMBON

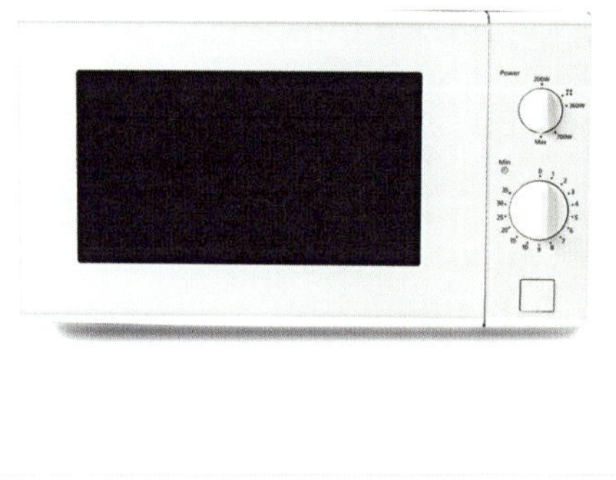

Micro-ondes :
20 min

Jambon blanc
2 tranches

Macaronis
4 verres

Fromage râpé
2 poignées

Crème liquide
4 verres

Sel, poivre

Préparation : 3 min

0 € 80/pers.

- Mettez les **macaronis**, le **jambon** coupé en morceaux, la **crème**, la moitié du **fromage râpé** et 1 verre d'eau dans un saladier. Salez, poivrez et mélangez.
- Enfournez 15 min au micro-ondes puissance 800 W. Ajoutez le reste de **fromage râpé** et faites cuire 5 min de plus. Dégustez.

PENNE À LA BOLOGNAISE

Plaque :
40 min

Penne
4 verres

Steaks hachés
x 2 (ou 200 g de bœuf haché)

Parmesan
5 cuil. à soupe

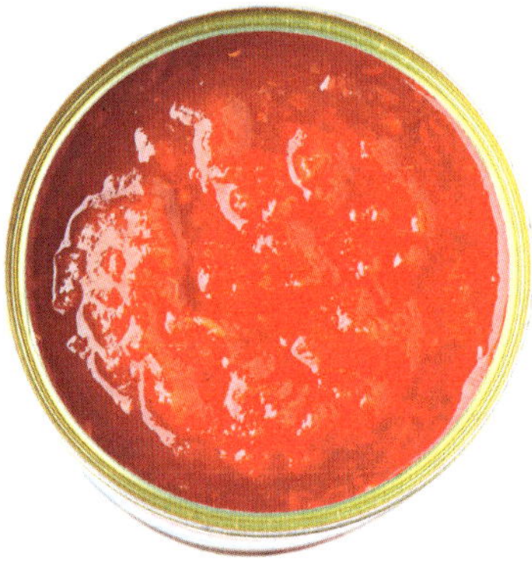

Concassé de tomates
1 petite boîte (400 g)

Oignon
x 1

Sel, poivre

1 cuil. à soupe d'huile

Préparation : 5 min

2 €/pers.

- Faites cuire les **penne** (*al dente*) à l'eau bouillante salée. Façonnez 6 boulettes en mélangeant la **viande** et 3 cuil. à soupe de **parmesan**.
- Faites-les cuire 15 min dans une poêle avec 1 cuil. à soupe d'**huile** et l'**oignon** ciselé. Versez le **concassé de tomates** et laissez cuire 15 min.
- Ajoutez les **penne**, mélangez, saupoudrez du reste de **parmesan**, poivrez et dégustez.

PÂTES AU PARMESAN ET AU POIVRE

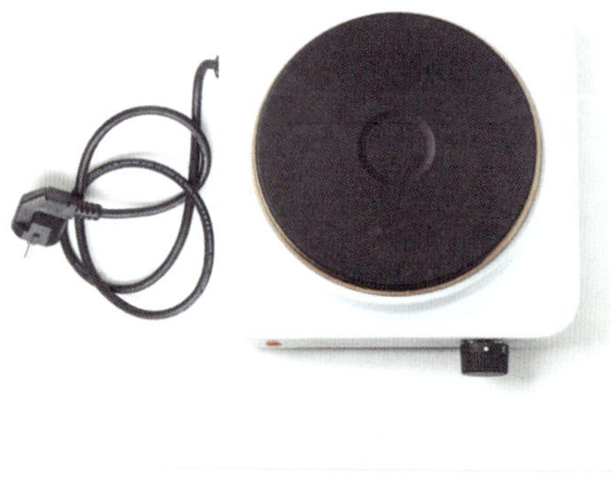

Plaque :
15 min

Penne
4 verres

Crème liquide
2 verres

Parmesan en copeaux
1 boîte (80 g)

Poivre mignonnette
1 cuil. à soupe

Sel

1 filet d'huile d'olive

Préparation : 5 min

1 € 35/pers.

• Faites cuire les **penne** (*al dente*) à l'eau bouillante salée. Égouttez-les et mettez-les dans une poêle avec 1 cuil. à soupe d'eau de cuisson, la **crème**, le **parmesan** et le **poivre mignonnette**.

• Mélangez et laissez cuire 5 min à feu vif en remuant. Dégustez immédiatement avec 1 filet d'**huile d'olive**.

NOUILLES AU POULET ET AU SÉSAME

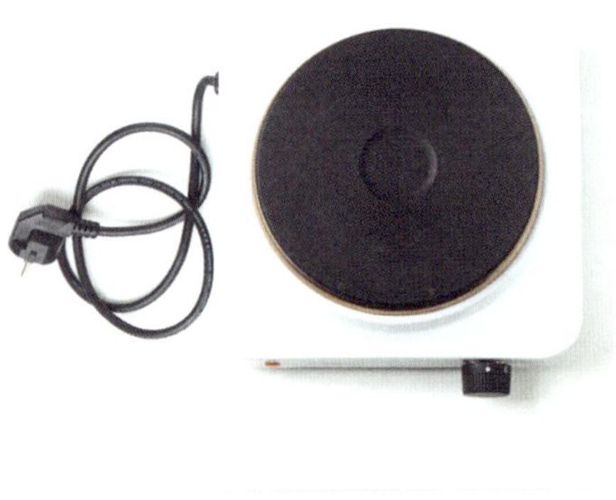

Plaque :
10 min

Nouilles déshydratées
1 paquet (+ assaisonnement)

Blanc de poulet
x 1

Poivron rouge
x ½

Coriandre
2 brins

Graines de sésame
1 cuil. à soupe

Préparation : 5 min
Attente : 5 min

1 € 10/pers.

- Mettez les **nouilles**, l'**assaisonnement**, le **poulet** et le **poivron** coupés en morceaux et 4 verres d'eau dans une poêle.
- À ébullition, laissez cuire 5 min.
- Hors du feu, laissez gonfler 5 min les **nouilles**.
- Ajoutez la **coriandre** et les **graines de sésame**, mélangez et dégustez.

TORTELLINIS AU BEURRE DE ROMARIN

Plaque :
5 min

Tortellinis frais
1 paquet (ricotta-épinards)

Parmesan
1 cuil. à soupe

Beurre
25 g

Branches de romarin
x 2 (ou 1 cuil. à soupe séché)

Sel, poivre

Préparation : 5 min

1 € 05/pers.

- Mettez le **beurre**, les **tortellinis**, le **romarin** effeuillé, le **parmesan** et 1 verre d'eau dans une poêle et faites cuire 5 min en remuant jusqu'à absorption du jus de cuisson.
- Salez, poivrez et dégustez.

SPAGHETTIS CARBO AU CHORIZO

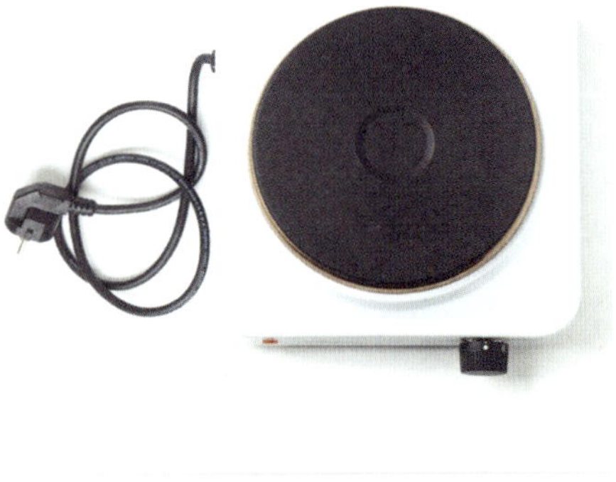

Plaque :
16 min

Spaghettis
1 poignée (160 g)

Chorizo
4 tranches

Œufs
1 jaune

Parmesan
2 cuil. à soupe

Crème liquide
1 verre

Sel, poivre

Préparation : 5 min

0 € 50/pers.

- Faites cuire les **spaghettis** (*al dente*) à l'eau bouillante salée. Égouttez-les et mettez-les dans une poêle, ajoutez 2 cuil. à soupe d'eau de cuisson et les tranches de **chorizo** coupées en 2.
- Mélangez et laissez cuire 5 min. Ajoutez la **crème**, le **parmesan** et le **jaune d'œuf** et faites cuire 30 s de plus en remuant.
- Poivrez et dégustez immédiatement.

NOUILLES AU BŒUF ET BASILIC

Plaque :
10 min

Carpaccio de bœuf
100 g

Nouilles déshydratées
1 paquet (+ assaisonnement)

Brins de basilic
x 2 (ou 1 cuil. à soupe séché)

Cœur de palmier
x 1

Carottes râpées
1 poignée

Préparation : 5 min
Attente : 5 min

1 € 55/pers.

- Mettez les **nouilles**, l'**assaisonnement**, le **carpaccio**, le **cœur de palmier** coupé en rondelles et 4 verres d'eau dans une poêle.
- À ébullition, laissez cuire 5 min.
- Hors du feu, laissez gonfler les **nouilles** 5 min.
- Ajoutez les **carottes râpées** et le **basilic**, mélangez et dégustez.

JAMBALAYA AU MICRO-ONDES

Micro-ondes :
20 min

Saucisses fumées
x 2

Riz
2 verres

Curry
1 cuil. à soupe

Maïs
1 boîte (petite, 115 g)

Surimi
4 bâtonnets

Sel, poivre

Préparation : 5 min

1 € 15/pers.

• Découpez les **saucisses** et le **surimi** en morceaux. Mélangez-les avec le **riz**, le **maïs**, le **curry** et 4 verres d'eau dans un saladier.
• Enfournez 20 min au micro-ondes puissance 800 W. Salez, poivrez et dégustez.

ENCORNETS À L'ENCRE AU MICRO-ONDES

Micro-ondes :
20 min

Encornets
x 2 (avec leur encre)

Ail séché moulu
1 cuil. à café

Origan
1 cuil. à café

Riz
2 verres

Sel, poivre

1 filet d'huile d'olive

Préparation : 5 min

2 €/pers.

• Découpez les **encornets** en morceaux et mélangez-les avec l'**origan**, l'**ail**, l'**encre**, le **riz** et 4 verres d'eau dans un saladier.
• Enfournez 20 min au micro-ondes à 800 W.
• Salez, poivrez et dégustez avec 1 filet d'**huile d'olive**.

COUSCOUS AU MICRO-ONDES

Micro-ondes :
15 min

Merguez
x 4

Courgette
x 1

Poivron rouge
x 1

Pois chiches
1 verre (80 g)

Ras-el-hanout
1 cuil. à soupe

 **Sel, poivre**

Préparation : 5 min

1 € 10/pers.

- Coupez la **courgette**, le **poivron** et les **merguez** en morceaux. Mettez-les avec 2 verres d'eau, les **pois chiches** et le **ras-el-hanout** dans un saladier. Salez et poivrez. Couvrez de film étirable.
- Enfournez 15 min au micro-ondes à 800 W.
- Servez avec de la semoule cuite au micro-ondes.

TAJINE AU MICRO-ONDES

Micro-ondes :
20 min

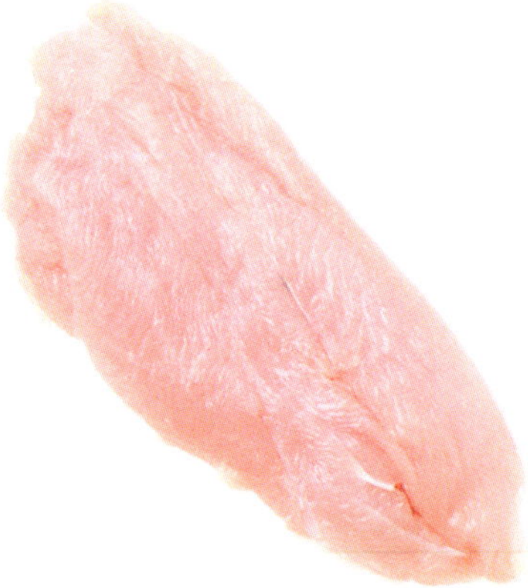

Escalopes de dinde
x 2

Courgette
x 1

Pommes de terre
x 2 (moyennes)

Graines de cumin
1 cuil. à soupe

Citron confit
x 1

Sel, poivre

Préparation : 5 min

2 € /pers.

- Mettez les **escalopes**, le **citron confit**, la **courgette** et les **pommes de terre** coupés en morceaux avec 1 verre d'eau et les **graines de cumin** dans un saladier.
- Salez, poivrez, couvrez de film étirable et enfournez 20 min au micro-ondes puissance 800 W.

CURRY DE LÉGUMES AU MICRO-ONDES

Micro-ondes :
10 min

Chou-fleur
x ¼

Petits pois
2 verres (surgelés)

Radis roses
x 10

Curry
1 cuil. à soupe

Lait de coco
2 verres

Préparation : 5 min

1 € /pers.

- Coupez les **radis** et le **chou-fleur** en morceaux. Mélangez-les avec les **petits pois**, le **curry** et le **lait de coco** dans un saladier.
- Enfournez 10 min au micro-ondes puissance 800 W.
- Dégustez avec du riz cuit au micro-ondes.

CHOUCROUTE GARNIE AU MICRO-ONDES

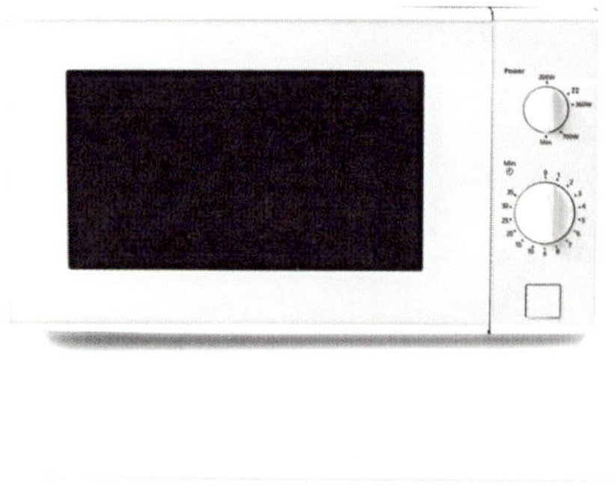

Micro-ondes :
20 min

Choucroute cuite
400 g

Pommes de terre
x 2 (grosses)

Saucisses fumées
x 2

Poitrine fumée
2 tranches (fines)

Bière
25 cl (blonde)

Sel, poivre

Préparation : 5 min

1 € 90/pers.

• Coupez les **saucisses** en 2 dans la longueur et enroulez-les avec ½ tranche de **poitrine**. Mettez la **choucroute**, les **saucisses** au **lard**, et les **pommes de terre** épluchées et coupées en 2 dans un saladier.

• Salez, poivrez et ajoutez la **bière**. Enfournez 20 min au micro-ondes puissance 800 W.

BOULETTES À LA TOMATE AU MICRO-ONDES

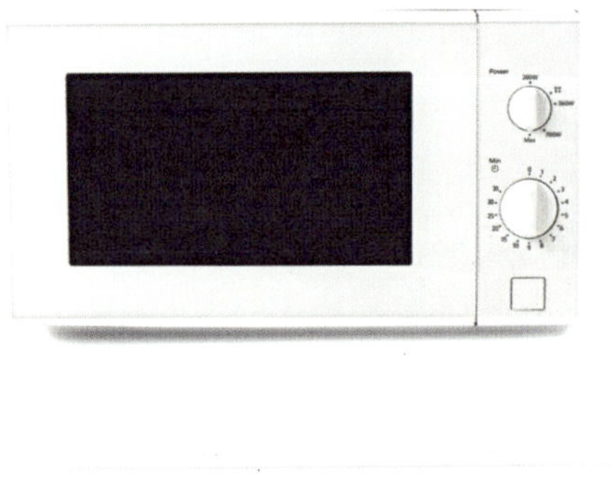

Micro-ondes :
5 min

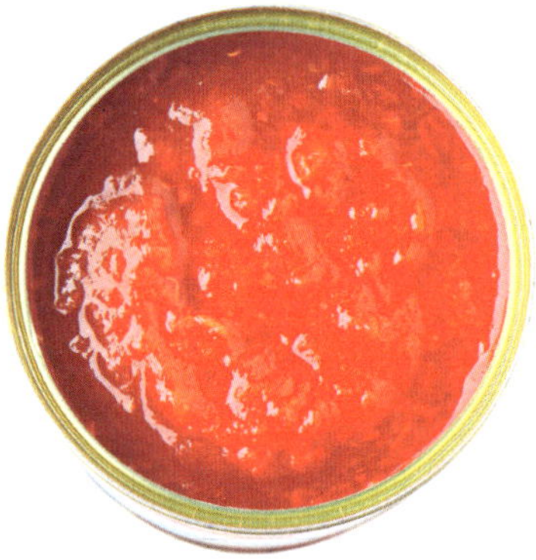

Concassé de tomates
2 verres

Origan séché
1 cuil. à soupe

Steaks hachés
x 2 (ou 200 g de bœuf haché)

Parmesan
3 cuil. à soupe

Sel, poivre

1 filet d'huile d'olive

Préparation : 2 min

1 € 80/pers.

- Mélangez la **viande** avec 2 cuil. à soupe de **parmesan** et l'**origan**. Façonnez 6 boulettes.
- Mettez-les avec le **concassé de tomates** dans un saladier, saupoudrez du reste de **parmesan**, salez, poivrez et faites cuire 5 min au micro-ondes puissance 800 W.
- Versez 1 filet d'**huile d'olive**. Dégustez avec de la semoule cuite au micro-ondes.

CURRY VERT DE POULET AU MICRO-ONDES

Micro-ondes :
10 min

Blancs de poulet
x 2

Pousses d'épinards
2 poignées

Curry
1 cuil. à soupe

Lait de coco
2 verres

Sel, poivre

Préparation : 2 min

1 € 60/pers.

- Coupez les **blancs de poulet** en morceaux et mélangez-les avec les **pousses d'épinards**, le **lait de coco** et le **curry** dans un saladier.
- Couvrez de film étirable et faites cuire 10 min au micro-ondes puissance 800 W.
- Salez, poivrez, mélangez et dégustez avec du riz ou des pâtes cuits au micro-ondes.

HACHIS PARMENTIER AU MICRO-ONDES

Micro-ondes :
20 min

Steaks hachés
x 2 (ou 200 g de bœuf haché)

Fromage râpé
1 poignée

Pommes de terre
x 2 (grosses)

Crème liquide
2 verres

Poivre

Préparation : 5 min

1 € 95/pers.

- Épluchez et coupez les **pommes de terre** en petits morceaux. Mélangez-les avec la **viande**, la **crème** et le **fromage** dans un plat ou un saladier.
- Salez, poivrez et enfournez 20 min au micro-ondes puissance 800 W.

POT-AU-FEU AU MICRO-ONDES

Micro-ondes :
32 min

Navets
x 2

Poireau
x 1

Carottes
x 2

Bouillon cube
½

Steaks hachés
x 2 (ou 200 g de bœuf haché)

Sel, poivre

Préparation : 5 min

1 € 95/pers.

• Épluchez les **carottes** et les **navets**. Mettez le **navet** en morceaux, le **poireau** coupé en 2, les **carottes** et le **bouillon** dans un saladier avec de l'eau à hauteur. Salez, poivrez, couvrez de film et enfournez au micro-ondes 30 min à puissance 800 W. Ajoutez la **viande** façonnée en boulettes et faites cuire 2 min. Dégustez avec des **pommes de terre** cuites au micro-ondes.

BIRYANI D'AGNEAU AU MICRO-ONDES

Micro-ondes :
20 min

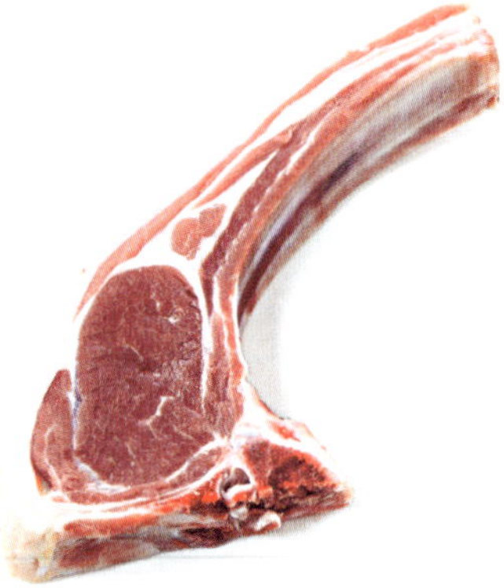

Côtelettes d'agneau
x 2

Petits pois
2 verres (surgelés)

Riz
2 verres

Curry
1 cuil. à soupe

Lait de coco
2 verres

Sel, poivre

Préparation : 5 min

2 € /pers.

• Désossez et coupez les **côtelettes** en tout petits morceaux. Mélangez-les avec les **petits pois**, le **curry**, le **lait de coco**, le **riz** et 2 verres d'eau dans un grand saladier.
• Salez, poivrez et enfournez 20 min au micro-ondes puissance 800 W en remuant une fois à mi-cuisson.

RIZ CANTONAIS AU MICRO-ONDES

Micro-ondes :
22 min

Riz
2 verres

Jambon blanc
2 tranches

Petits pois
1 verre (surgelés)

Œufs
x 2

Sel, poivre

Préparation : 5 min

0 € 55/pers.

- Mettez le **riz**, le **jambon** coupé en morceaux, les **petits pois** et 4 verres d'eau dans un saladier.
- Faites cuire 20 min au micro-ondes puissance 800 W en remuant une fois à mi-cuisson.
- Cassez les **œufs** dedans, mélangez et faites cuire 2 min de plus.
- Salez, poivrez et dégustez.

DAUPHINOIS AU MICRO-ONDES

Micro-ondes :
20 min

Pommes de terre
x 2 (grosses)

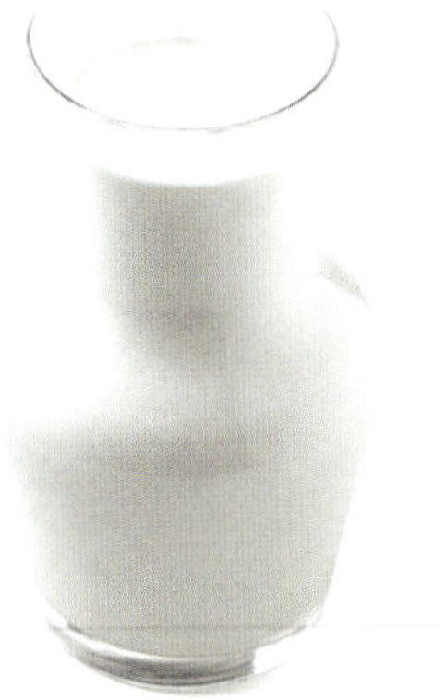

Crème liquide
2 verres

Fromage râpé
2 poignées

Lardons
1 paquet (100 g)

Sel, poivre

Préparation : 5 min

1 € 20/pers.

- Épluchez et coupez les **pommes de terre** en très fines tranches, mélangez-les avec les **lardons**, la **crème** et le **fromage râpé** dans un saladier. Salez et poivrez.
- Enfournez 20 min au micro-ondes puissance 800 W.

PIZZA ROULÉE CHORIZO-TOMATE

Mini-four :
25 min
Four classique :
25 min à 200°C

Pâte à pizza
x 1

Chorizo
6 tranches

Fromage râpé
3 poignées

Tomate
x 1

Pour 1 pizza (2 pers.)
Préparation : 5 min

1 € 05/pers.

- Déroulez la **pâte** avec le papier cuisson.
- Disposez les tranches de **chorizo** coupées en 2 et la **tomate** coupée en quartiers. Ajoutez les ¾ du **fromage râpé**. Roulez la **pâte** et parsemez le reste du **fromage râpé**.
- Enfournez 25 min à 230°C, cuisson haut et bas.
- Dégustez avec de la salade.

FRITES GRATINÉES À LA SAUCISSE

Mini-four :
25 min
Four classique :
25 min à 200°C

Frites au four
2 poignées

Knacks
x 4

Herbes de Provence
1 cuil. à soupe

Ketchup
1 cuil. à soupe

Fromage râpé
1 poignée

Sel, poivre

Préparation : 2 min

0 € 80/pers.

- Découpez les **knacks** en morceaux, mélangez-les avec les **frites** dans un plat à gratin et ajoutez les **herbes de Provence** et le **fromage râpé**. Salez et poivrez.
- Enfournez 25 min à 230°C, cuisson haut et bas.
- Ajoutez le **ketchup** et dégustez.

FAJITAS BŒUF-AVOCAT

Mini-four :
20 min
Four classique :
20 min à 200°C

Tortillas (blé ou maïs)
x 2

Steak haché
x 1 (ou 120 g de bœuf haché)

Maïs (en boîte)
2 cuil. à soupe

Avocat
x 1

Cheddar râpé
1 poignée

Sel, poivre

Préparation : 5 min

1 € 60/pers.

- Épluchez et écrasez l'**avocat** à la fourchette. Mélangez-le avec le **steak haché**. Salez, poivrez.
- Disposez les **tortillas** dans un plat à four et garnissez-les avec le mélange **viande-avocat**.
- Ajoutez le **maïs** et le **cheddar** puis enfournez 20 min à 230°C, cuisson haut et bas.

TORTILLAS BŒUF-CUMIN

Mini-four :
15 min
Four classique :
15 min à 200°C

Tortillas de blé
x 4 (petites)

Cheddar râpé
1 poignée

Graines de cumin
1 cuil. à soupe

Steak haché
x 1 (ou 120 g de bœuf haché)

Yaourt à la grecque
x 1

Préparation : 5 min

1 € 55/pers.

- Étalez le **yaourt** sur les **tortillas**, ajoutez le **steak haché** en petits morceaux, parsemez de **cheddar** et de **cumin**.
- Enfournez 15 min à 230°C, cuisson haut et bas.
- Dégustez avec de la salade.

DOUBLE-CHEESE CRAQUANT

Mini-four :
15 min
Four classique :
15 min à 200°C

Pains à burger
x 2

Chips
1 poignée

Cheddar râpé
2 poignées

Fromage fondu
2 portions

Steak haché
x 1 (ou 120 g de bœuf haché)

Préparation : 5 min

1 € 30/pers.

• Mélangez le **bœuf** avec le **fromage fondu** et la moitié du **cheddar**. Répartissez la **viande** sur la base des **pains à burger** et le reste de **cheddar** sur les chapeaux. Enfournez 15 min à 230°C, cuisson haut et bas.
• Ajoutez les **chips**, refermez les burgers et dégustez immédiatement avec de la salade.

SANDWICHS AMÉRICAINS

Mini-four :
20 min
Four classique :
20 min à 200 °C

Pains à hot-dog
x 2

Steak haché
x 1 (ou 120 g de bœuf haché)

Cheddar râpé
1 poignée

Sauce barbecue
2 cuil. à soupe

Frites au four
½ boîte (225 g)

Sel, poivre

Préparation : 5 min

1 € 45/pers.

• Mélangez la moitié du **cheddar** et de la **sauce barbecue** avec la **viande**, façonnez 2 **boudins** et glissez-les dans les **pains à hot-dog**. Mettez les **frites** dans un plat, posez les **hot-dogs** dessus, parsemez le reste du **cheddar** et enfournez 20 min à 230 °C, cuisson haut et bas.
• Dégustez avec le reste de la **sauce barbecue**.

EMPANADAS VOLAILLE-AVOCAT

Mini-four :
15 min
Four classique :
15 min à 200°C

Tortillas de maïs
x 2 (grandes)

Jambon de volaille
2 tranches

Champignons de Paris
x 4

Guacamole
4 cuil. à soupe

Fromage râpé
1 poignée

Préparation : 5 min

1 € 50/pers.

- Garnissez les **tortillas** avec la moitié du **guacamole** et du **fromage**, les **champignons** émincés (réservez 4 tranches) et le **jambon** en morceaux. Refermez-les.
- Ajoutez le reste du **guacamole**, du **fromage** et des **champignons**.
- Enfournez 15 min à 230°C, cuisson haut et bas.
- Dégustez avec de la salade.

KEBAB PIMENT-CORIANDRE

Mini-four :
15 min
Four classique :
15 min à 200°C

Pains pita
x 2

Steaks hachés
x 2 (ou 200 g de bœuf haché)

Harissa
1 cuil. à café

Coriandre
4 brins

Cheddar râpé
2 poignées

Préparation : 5 min

1 € 95/pers.

- Mélangez la **viande** avec la **coriandre** coupée aux ciseaux, la **harissa** et la moitié du **cheddar**.
- Garnissez les **pains pita** avec la préparation, mettez-les dans un plat, ajoutez le reste du **cheddar**.
- Enfournez 15 min à 230°C, cuisson haut et bas.

CALZONE JAMBON-CHAMPIGNONS

Mini-four :
20 min
Four classique :
20 min à 200°C

Pâte à pizza
x 1

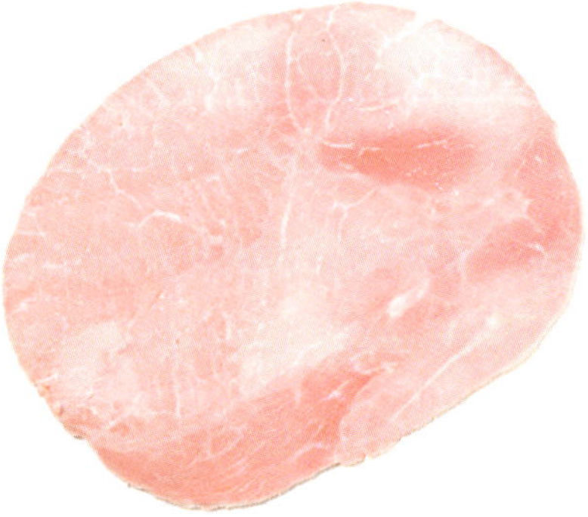

Jambon blanc
2 tranches

Champignons de Paris
x 3

Origan
1 cuil. à café

Fromage râpé
3 poignées

Sel, poivre

Pour 1 pizza (2 pers.)
Préparation : 10 min

1 € 25/pers.

- Déroulez la **pâte** avec le papier cuisson sur une plaque. Ajoutez le **jambon** et les **champignons** émincés, l'**origan** et le **fromage râpé**. Refermez la pâte en chausson et soudez les bords à la fourchette.
- Enfournez 20 min à 230°C, cuisson haut et bas.
- Dégustez avec de la salade.

PIZZA COURGETTE-CHORIZO

Mini-four :
25 min
Four classique :
25 min à 200°C

Pâte à pizza
x 1

Courgette
x 1

Cheddar râpé
1 poignée

Chorizo
9 tranches

Poivre

1 filet d'huile d'olive

Pour 1 pizza (2 pers.)
Préparation : 5 min

1 € 20/pers.

- Déroulez la **pâte** avec le papier cuisson. Répartissez les tranches de **chorizo** et les **courgettes** coupées en lamelles. Parsemez de **cheddar**, poivrez et enfournez 25 min à 230°C, cuisson haut et bas.
- Dégustez avec 1 filet d'**huile d'olive** et de la salade.

BAGEL AU LARD ET À LA CHOUCROUTE

Mini-four :
15 min
Four classique :
15 min à 200°C

Bagel au sésame
x 1

Poitrine fumée
3 tranches (fines)

Choucroute cuite
2 poignées (petites)

Fromage frais en portion
x 1

Parmesan
1 cuil. à soupe

Sel, poivre

Préparation : 5 min

1 € 55/pers.

- Coupez le **bagel** en 2 et tartinez-le de **fromage frais**. Ajoutez la **choucroute** et la **poitrine fumée** coupée en 2.
- Saupoudrez de **parmesan** et enfournez 15 min à 230°C, cuisson haut et bas.
- Dégustez avec de la salade.

KEBAB D'AGNEAU AUX ÉPICES

Mini-four :
20 min
Four classique :
20 min à 200°C

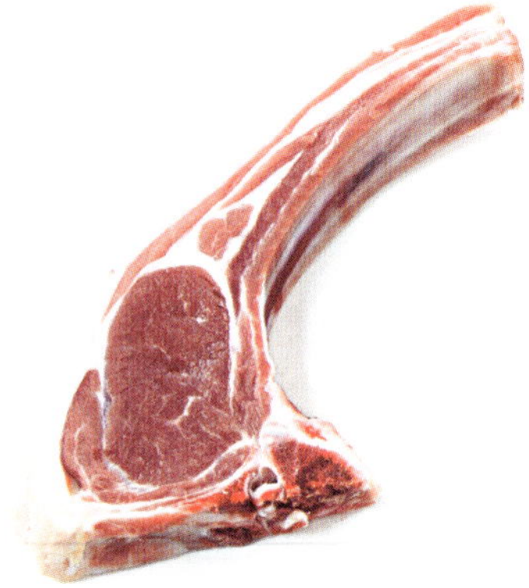

Côtelettes d'agneau
x 2

Baguette
x ½

Frites au four
2 poignées

Menthe
2 brins

Curry
1 cuil. à soupe

1 cuil. à soupe d'huile

2 cuil. à soupe de mayonnaise

Préparation : 5 min

2 €/pers.

- Coupez la **baguette** en 4 tartines. Coupez les **côtelettes** en petits morceaux et mélangez-les avec le **curry** et 1 cuil. à soupe d'**huile**. Répartissez les **frites** et l'**agneau** sur les tartines. Enfournez 20 min à 230°C, cuisson haut et bas.
- Ajoutez les feuilles de **menthe** et dégustez avec de la **mayonnaise**.

MINI-PIZZAS MEXICAINES

Mini-four :
20 min
Four classique :
20 min à 200°C

Tortillas de maïs
x 2 (moyennes)

Coulis de tomate
2 cuil. à soupe

Cheddar râpé
1 poignée

Guacamole
2 cuil. à soupe

Mozzarella
1 boule

Sel, poivre

Préparation : 5 min

1 € 05/pers.

- Répartissez le **coulis de tomate** sur les **tortillas**, ajoutez la **mozzarella** coupée en tranches et le **guacamole**. Parsemez de **cheddar**.
- Enfournez 20 min à 230°C, cuisson haut et bas.
- Salez, poivrez et dégustez avec de la salade.

CHEESEBURGER POULET-ROQUETTE

Mini-four :
15 min
Four classique :
15 min à 200°C

Blanc de poulet
x 1

Fromage spécial burgers
2 tranches

Muffins anglais
x 2

Roquette
1 poignée

Citron
x 1

Sel, poivre

1 filet d'huile d'olive

Préparation : 5 min

1 € 05/pers.

- Mélangez le **poulet** en morceaux avec la moitié de la **roquette** et le jus du **citron**. Salez, poivrez.
- Coupez les **muffins** en 2, répartissez le mélange sur 2 **demi-muffins** et posez 1 tranche de **fromage** sur les 2 autres. Enfournez 15 min à 230°C, cuisson haut et bas. Ajoutez le reste de **roquette**, refermez chaque **muffin** et dégustez avec 1 filet d'**huile d'olive**.

BURRITOS GRATINÉS

Mini-four :
20 min
Four classique :
20 min à 200°C

Avocat
x 1

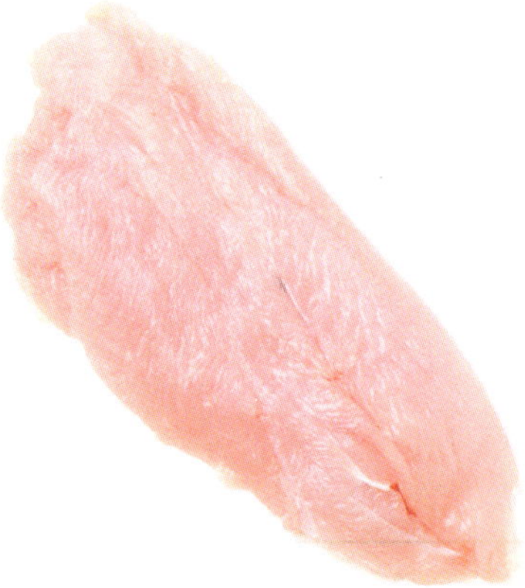

Escalope de dinde
x 1

Cheddar râpé
2 poignées

Coulis de tomate
4 cuil. à soupe

Tortillas (maïs ou blé)
x 2 (grandes)

Sel, poivre

Préparation : 5 min

2 € /pers.

- Épluchez et écrasez l'**avocat**. Découpez l'**escalope** en morceaux. Garnissez les **tortillas** avec l'**avocat** et la **dinde** et roulez-les.
- Mélangez le **coulis de tomate** avec 1 verre d'eau et versez sur les **burritos**.
- Parsemez de **cheddar** et enfournez 20 min à 230°C, cuisson haut et bas. Dégustez avec de la salade.

POIVRON FARCI AUX LÉGUMES

Mini-four :
30 min
Four classique :
30 min à 200°C

Mozzarella
½ boule

Poivron rouge
x 1

Herbes de Provence
1 cuil. à café

Ratatouille (en boîte)
4 cuil. à soupe

Sel, poivre

Préparation : 5 min

0 € 80/pers.

- Coupez le **poivron** en 2 et épépinez-le.
- Mélangez la **mozzarella** coupée en morceaux avec la **ratatouille** et les **herbes de Provence**. Salez et poivrez.
- Remplissez les **poivrons** avec la préparation, placez-les dans un plat à four avec 4 cuil. à soupe d'eau et enfournez 30 min à 230°C, cuisson haut et bas.

HOT-DOGS GRATINÉS

Mini-four :
20 min
Four classique :
20 min à 200°C

Baguette
x ½

Saucisses de Francfort
x 2

Moutarde
1 cuil. à soupe

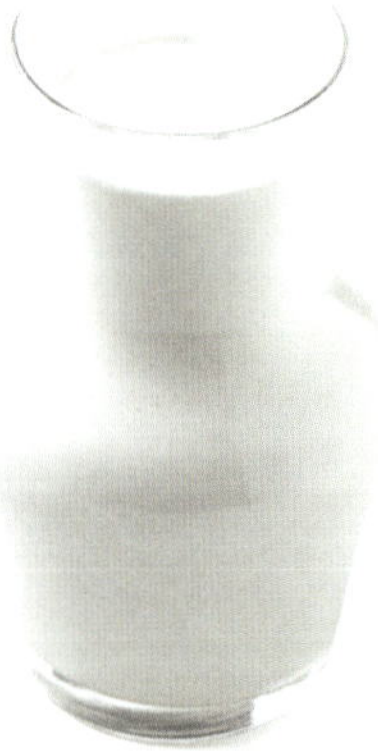

Crème liquide
1 verre

Fromage râpé
2 poignées

Préparation : 5 min

0 € 75 / pers.

• Coupez 2 sandwichs dans la **baguette** et fendez-les. Mélangez la **crème** et le **fromage râpé**. Badigeonnez l'intérieur du **pain** avec la **moutarde** et la moitié du mélange **crème-fromage**.

• Ajoutez les **saucisses**, recouvrez avec le reste du mélange **crème-fromage** puis enfournez 20 min à 230°C, cuisson haut et bas.

GALETTES BURGER

Mini-four :
15 min
Four classique :
15 min à 200 °C

Galettes de sarrasin
x 2

Ketchup
4 cuil. à soupe

Cheddar râpé
2 poignées

Steak haché
x 1 (ou 120 g de bœuf haché)

Herbes de Provence
1 cuil. à soupe

Préparation : 5 min

1 € 65/pers.

- Étalez le **ketchup** sur les **galettes**. Ajoutez la **viande** en petits morceaux, la moitié du **cheddar** et les **herbes de Provence**.
- Roulez les **galettes** en serrant, mettez-les dans un plat et parsemez le reste du **cheddar**.
- Enfournez 15 min à 230 °C, cuisson haut et bas.
- Dégustez avec de la salade.

LASAGNES DE POMMES DE TERRE

Mini-four:
45 min
Four classique:
45 min à 200°C

Pommes de terre
x 2 (grosses)

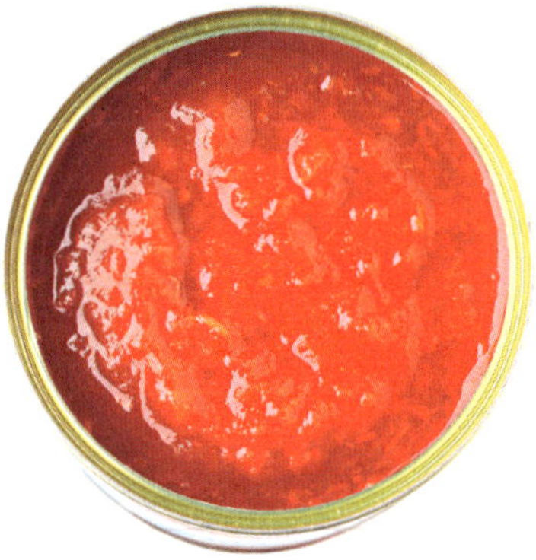

Concassé de tomates
4 verres

Steaks hachés
x 2 (ou 200 g de bœuf haché)

Parmesan
4 cuil. à soupe

Sel, poivre

Préparation : 10 min

1 € 80/pers.

• Épluchez et coupez les **pommes de terre** en très fines tranches. Mettez-les dans un plat à four avec les **steaks hachés** en morceaux, le **concassé de tomates** et le **parmesan**. Salez, poivrez.

• Enfournez 45 min à 230°C, cuisson haut et bas.

FEUILLETÉ AUX POMMES DE TERRE

Mini-four :
45 min
Four classique :
35 min à 200°C

Pâte feuilletée
x 1

Pommes de terre
x 4 (moyennes)

Œufs
x 2

Herbes de Provence
1 cuil. à soupe

Sel, poivre

Préparation : 10 min

0 € 75/pers.

- Déroulez la **pâte** avec le papier cuisson dans un plat à gratin. Épluchez les **pommes de terre**, coupez-les en fines lamelles et disposez-les sur la **pâte**. Battez les **œufs** avec les **herbes** et versez dans le plat. Salez, poivrez.
- Repliez les bords de la **pâte** et enfournez 45 min à 230°C, cuisson haut et bas. Dégustez avec de la salade.

YAKITORIS DE BŒUF AU FROMAGE

Mini-four :
10 min
Four classique :
10 min à 200 °C

Carpaccio de bœuf
150 g

Emmental
150 g

Ail séché moulu
1 pincée

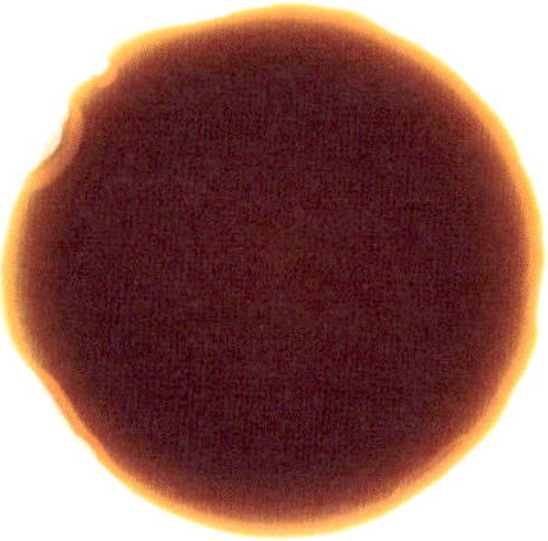

Sauce soja sucrée
4 cuil. à soupe

Sel, poivre

Préparation : 10 min

2 € /pers.

- Découpez l'**emmental** en 8 bâtonnets et enveloppez-les avec les tranches de **carpaccio**.
- Faites tenir avec une pique en bois.
- Placez les brochettes dans un grand plat.
- Saupoudrez d'**ail séché** et arrosez de **sauce soja sucrée** puis enfournez 10 min à 230 °C, cuisson haut et bas.

TOMATES FARCIES À LA SAUCISSE

Mini-four :
30 min
Four classique :
30 min à 200°C

Œuf
x 1

Tomates
x 2 (moyennes)

Chipolata
x 1

Sel, poivre

Préparation : 5 min

0 € 95/pers.

- Coupez les chapeaux des **tomates** et évidez-les.
- Farcissez-les avec la **chipolata** coupée en morceaux et l'**œuf** battu. Salez et poivrez.
- Reposez les chapeaux sur les **tomates** et mettez-les dans un plat à four avec 3 cuil. à soupe d'eau.
- Enfournez 30 min à 230°C, cuisson haut et bas.

TRAVERS DE PORC USA

Mini-four :
1 h
Four classique :
1 h à 200 °C

Travers de porc
400 g

Sauce soja
2 cuil. à soupe

Ketchup
2 cuil. à soupe

Miel liquide
1 cuil. à soupe

Paprika
1 cuil. à soupe

Préparation : 5 min
Marinade : 30 min

2 € /pers.

• Coupez les **travers de porc** en morceaux et mélangez-les dans un plat à gratin avec la **sauce soja**, le **miel**, le **paprika**, le **ketchup** et 3 verres d'eau.
• Laissez mariner 30 min et enfournez 1 h à 230 °C, cuisson haut et bas.

AUBERGINE FARCIE À LA MERGUEZ

Mini-four :
40 min
Four classique :
40 min à 200°C

Tomate
x 1

Aubergine
x 1

Merguez
x 2

Parmesan
1 cuil. à soupe

Préparation : 5 min

0 € 70/pers.

- Coupez l'**aubergine** en 2 dans la longueur et récupérez la chair.
- Garnissez les **aubergines** avec la chair, les **merguez** et la **tomate** découpées en morceaux.
- Mettez-les dans un plat, ajoutez 1 verre d'eau et saupoudrez de **parmesan**.
- Enfournez 40 min au mini-four à 230°C, cuisson haut et bas.

PAUPIETTES COCO-KETCHUP

Mini-four :
30 min
Four classique :
30 min à 200°C

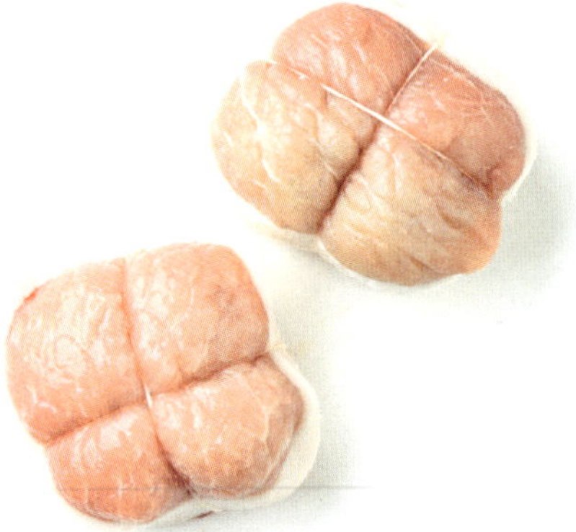

Paupiettes de dinde
x 2

Lait de coco
1 verre

Ketchup
2 cuil. à soupe

Sel, poivre

Préparation : 5 min

1 € 55/pers.

- Posez les **paupiettes** dans un plat à gratin.
- Mélangez le **lait de coco** et le **ketchup**, salez, poivrez et versez sur les **paupiettes**.
- Enfournez 30 min à 230°C, cuisson haut et bas.
- Dégustez avec du riz cuit au micro-ondes.

CASSOULET VITE FAIT

Mini-four :
40 min
Four classique :
40 min à 200 °C

Saucisses de Toulouse
x 2

Biscottes
x 6

Haricots à la tomate
1 petite boîte (400 g)

Ail séché moulu
1 cuil. à café

Sel, poivre

Préparation : 5 min

1 € 35/pers.

• Mélangez dans un plat à gratin les **haricots** avec l'**ail**, les ¾ des **biscottes** écrasées et 1 verre d'eau. Salez et poivrez.

• Ajoutez les **saucisses** et le reste des **biscottes** écrasées puis enfournez 40 min à 230 °C, cuisson haut et bas.

COURGETTE FARCIE AUX LARDONS

Mini-four :
35 min
Four classique :
35 min à 200°C

Fromage râpé
1 poignée

Courgette
x 1 (grosse)

Lardons
4 cuil. à soupe

Poivre

Préparation : 5 min

0 € 85/pers.

- Coupez la **courgette** en 2 dans la longueur, évidez la chair et coupez-la en petits morceaux. Mélangez-les avec les **lardons** et le **fromage râpé** puis farcissez les **courgettes**. Mettez-les dans un plat à four avec 4 cuil. à soupe d'eau.
- Enfournez 35 min à 230°C, cuisson haut et bas.
- Poivrez et dégustez.

GNOCCHIS DE GALETTES À LA MOUTARDE

Mini-four :
15 min
Four classique :
15 min à 200 °C

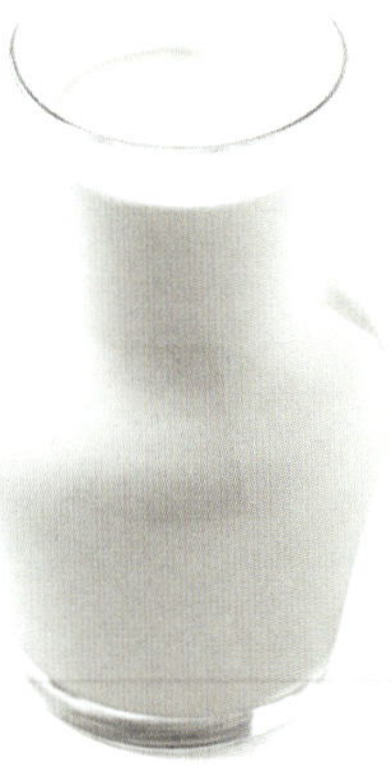

Crème liquide
1 verre

Galettes de sarrasin
x 2

Moutarde
2 cuil. à soupe

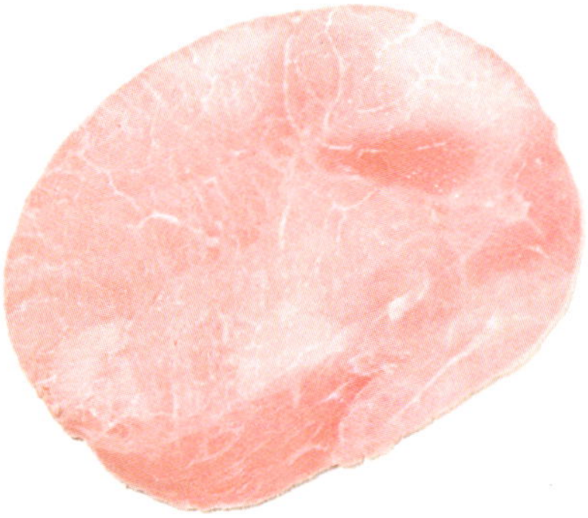

Jambon blanc
2 tranches

Fromage râpé
2 poignées

Sel, poivre

Préparation : 5 min

1 € 25/pers.

- Badigeonnez les **galettes** de **moutarde** et répartissez le **jambon** en morceaux et la moitié du **fromage râpé**. Roulez les **galettes** en serrant, coupez-les en morceaux et disposez-les dans un plat. Versez la **crème** et parsemez du reste de **fromage râpé**. Salez, poivrez et enfournez 15 min à 230 °C, cuisson haut et bas.
- Dégustez avec de la salade.

COLOMBO DE POULET À LA MENTHE

Mini-four :
40 min
Four classique :
40 min à 200°C

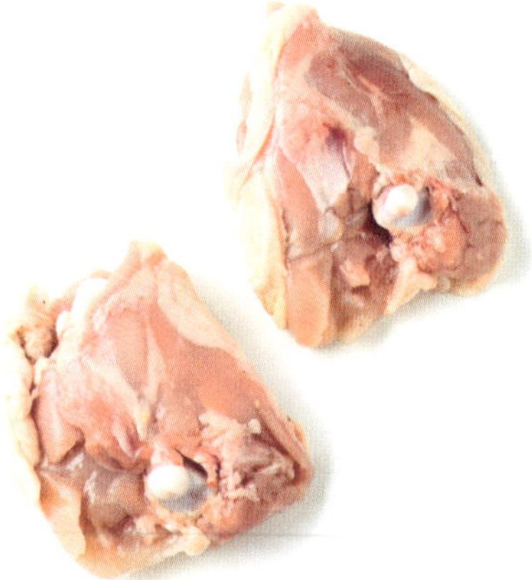

Hauts de cuisse de poulet
x 2

Colombo
1 cuil. à soupe

Lait de coco
1 verre

Feuilles de menthe
x 10 (ou 1 cuil. à soupe séchée)

Préparation : 5 min

1 € /pers.

- Mélangez le **lait de coco** et le **colombo** puis versez sur le **poulet** disposé dans un plat à gratin.
- Enfournez 40 min à 230°C, cuisson haut et bas.
- Ajoutez la **menthe** et dégustez avec de la semoule cuite au micro-ondes.

TRAVERS DE PORC SODA-GINGEMBRE

Mini-four :
1 h
Four classique :
1 h à 200 °C

Travers de porc
400 g

Soda à l'orange
1 canette

Gingembre
40 g

Sauce soja
3 cuil. à soupe

Préparation : 5 min
Marinade : 30 min

2 € /pers.

- Coupez les **travers de porc** en morceaux et mélangez-les dans un plat à gratin avec le **gingembre** émincé, le **soda à l'orange** et la **sauce soja**.
- Laissez mariner 30 min et enfournez 1 h à 230 °C, cuisson haut et bas.

GALETTE-SAUCISSE AU BLEU

Mini-four :
30 min
Four classique :
30 min à 200°C

Saucisses de Toulouse
x 2

Galettes de sarrasin
x 2

Bleu de Bresse
2 tranches (80 g)

Crème liquide
1 verre

Préparation : 5 min

1 €75/pers.

- Enroulez chaque **saucisse** dans 2 moitiés de **galette** superposées.
- Répartissez le **bleu** sur le dessus, arrosez avec la **crème** et enfournez 30 min à 230°C, cuisson haut et bas.
- Dégustez avec de la salade.

POULET AU COLA

Mini-four :
1h
Four classique :
1h à 200°C

Pilons de poulet
x 6

Citron
x 1 (ou 4 cuil. à soupe de jus)

Soda au cola
1 canette

Sel, poivre

Préparation : 5 min

1 € 35/pers.

- Mettez les **pilons**, le **soda au cola** et le jus du **citron** dans un plat. Salez et poivrez.
- Enfournez 1h à 230°C, cuisson haut et bas.
- Dégustez avec des frites au four.

TORTILLA CROUSTILLANTE

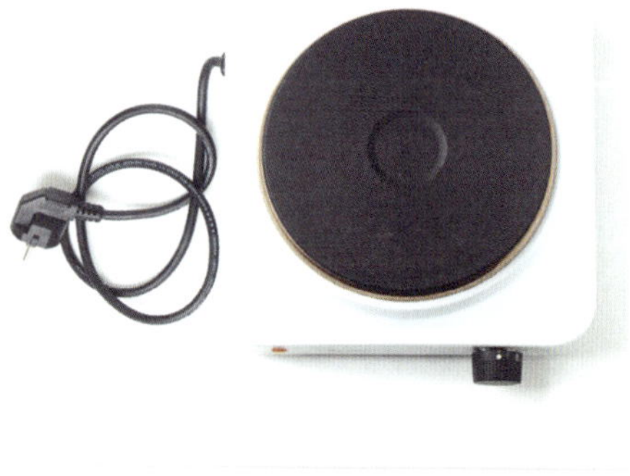

Plaque :
8 min

Chorizo
8 tranches

Œufs
x 6

Chips
2 grosses poignées

2 cuil. à soupe d'huile

Préparation : 5 min

0 € 75/pers.

• Battez les **œufs** avec une fourchette et ajoutez le **chorizo** coupé en morceaux.
• Faites chauffer 2 cuil. à soupe d'**huile** dans une poêle et versez l'omelette. Laissez cuire 4 à 8 min en remuant jusqu'à cuisson complète des **œufs**.
• Dressez l'omelette dans un plat, déposez les **chips** et repliez-la en 2.

ESCALOPE DE DINDE AUX CACAHUÈTES

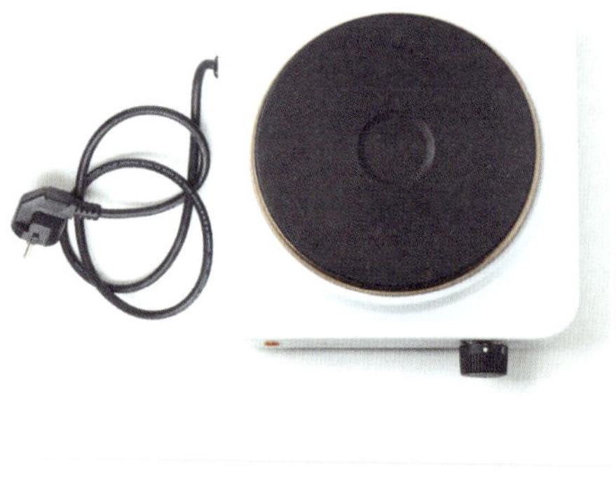

Plaque :
5 min

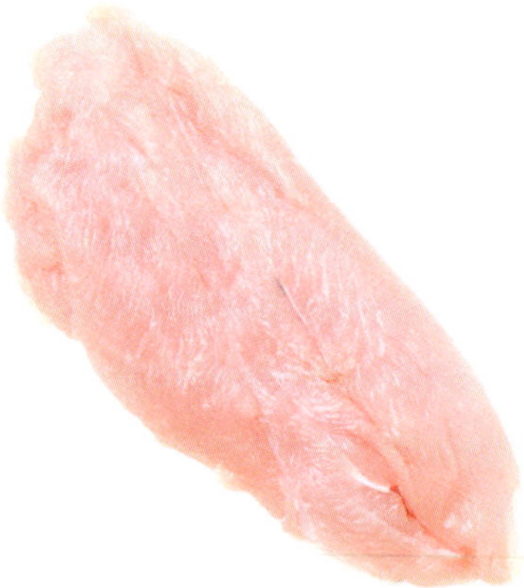

Escalope de dinde
x 1

Cacahuètes
2 cuil. à soupe

Miel liquide
1 cuil. à soupe

Sauce soja
4 cuil. à soupe

Préparation : 2 min

2 € /pers.

- Dans une poêle, faites cuire 5 min à partir de l'ébullition l'**escalope** coupée en morceaux avec le **miel**, la **sauce soja** et les **cacahuètes** en remuant tout au long de la cuisson.
- Dégustez avec du riz cuit au micro-ondes.

BLANQUETTE À LA POÊLE

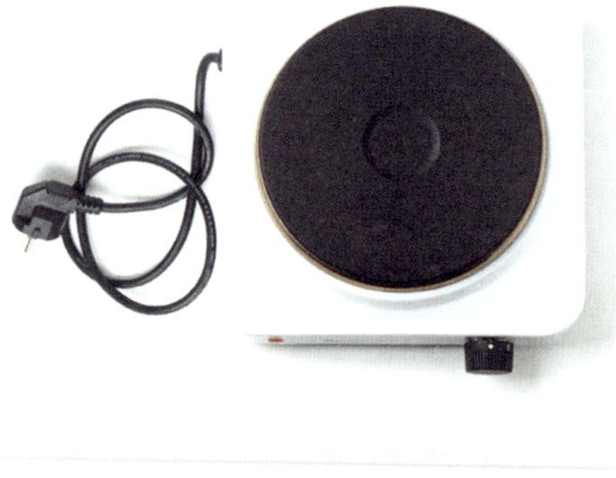

Plaque :
35 min

Sauté de dinde
5 morceaux

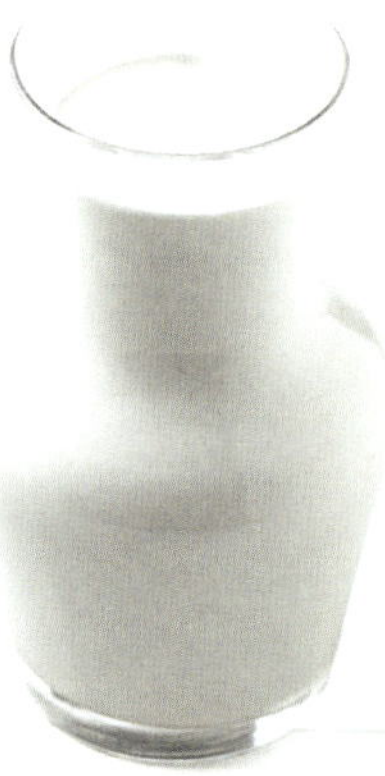

Crème liquide
2 verres

Carotte
x 1

Champignons de Paris
x 4

Sel, poivre

1 cuil. à soupe d'huile

Préparation : 5 min

1 € 90/pers.

- Faites revenir les morceaux de **dinde** dans une poêle avec 1 cuil. à soupe d'**huile**.
- Ajoutez la **carotte** et les **champignons** émincés, la **crème** et 1 verre d'eau.
- Salez, poivrez. À ébullition, laissez cuire 30 min à feu doux.
- Dégustez avec du riz cuit au micro-ondes.

ŒUFS À LA BASQUAISE

Plaque :
15 min

Œufs
x 2

Jambon cru
2 tranches

Poivron rouge
x 1

Pommes rissolées
225 g (surgelées, ½ boîte)

1 cuil. à soupe d'huile

Préparation : 5 min

0 € 70/pers.

- Découpez le **poivron** en dés et le **jambon** en morceaux. Faites-les revenir 10 min à feu vif dans une poêle avec les **pommes de terre** et 1 cuil. à soupe d'**huile** en remuant de temps en temps.
- Cassez les **œufs** sur la préparation, laissez cuire 5 min de plus et servez.

PORC AU CARAMEL

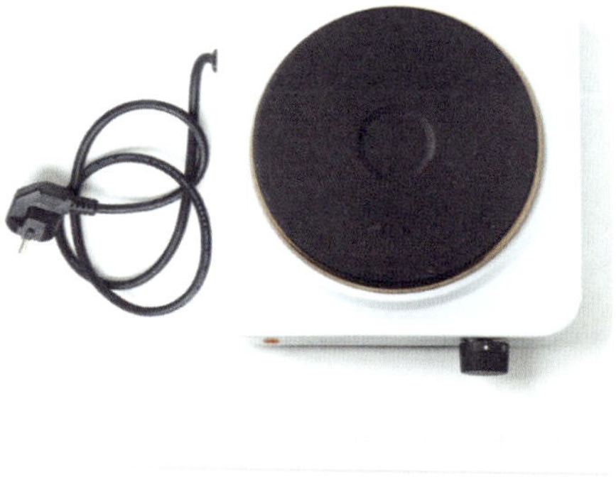

Plaque :
20 min

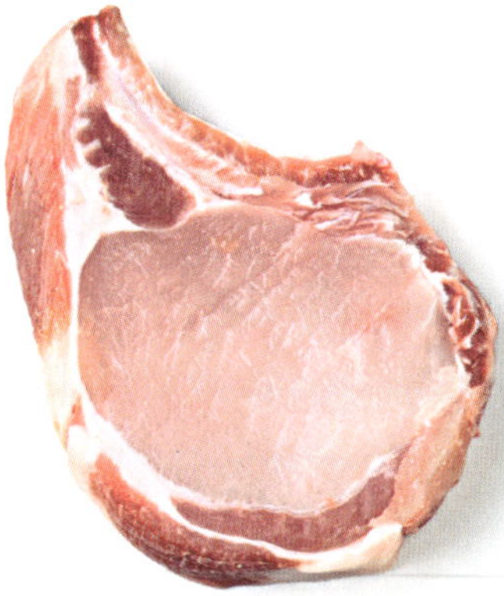

Côtes de porc
x 2

Sucre
2 cuil. à soupe

Graines de sésame
1 cuil. à soupe

Sauce soja
6 cuil. à soupe

1 cuil. à soupe d'huile

Préparation : 5 min

1 € 40/pers.

- Faites saisir 5 min les **côtes de porc** dans une poêle avec 1 cuil. à soupe d'**huile**. Ajoutez la **sauce soja** et le **sucre** et laissez cuire 15 min à feu doux en arrosant régulièrement.
- Saupoudrez les **graines de sésame** et servez avec des pâtes ou du riz cuits au micro-ondes.

PAËLLA DE COQUILLETTES AUX BOULETTES

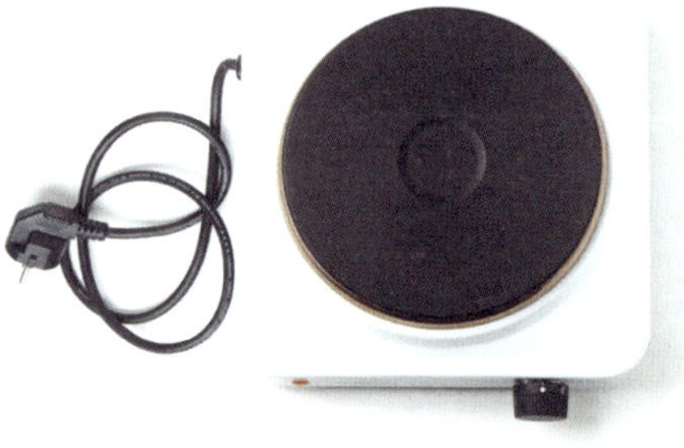

Plaque :
20 min

Coquillettes
2 verres

Chair à saucisse
200 g

Gaspacho
4 verres

Citronnelle
1 tige

Sel, poivre

1 cuil. à soupe d'huile

Préparation : 5 min

1 € 30/pers.

• Découpez finement la **citronnelle**, mélangez-la avec la **chair à saucisse** puis façonnez 12 boulettes. Faites-les colorer dans une poêle avec 1 cuil. à soupe d'**huile**.

• Ajoutez le **gaspacho**, 2 verres d'eau et les **coquillettes**. Salez, poivrez, mélangez et laissez cuire 15 min à partir de l'ébullition.

ŒUFS À LA FONDUE DE POIREAU

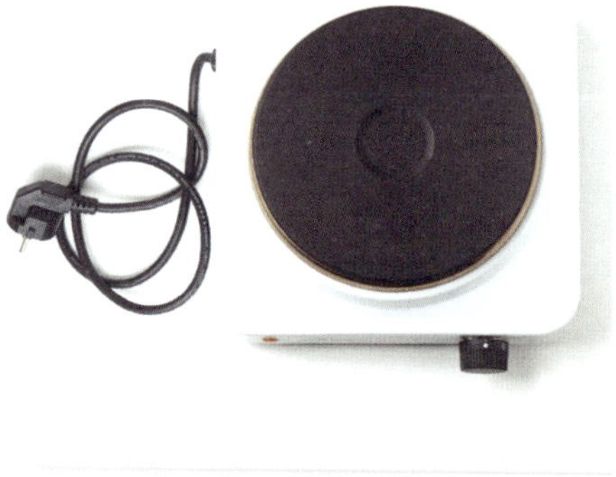

Plaque :
25 min

Œufs
x 2

Lardons
1 paquet (100 g)

Paprika
1 cuil. à café

Poireau
x 1

Préparation : 5 min

0 € 75/pers.

- Coupez finement le **poireau** et lavez-le à grande eau. Faites-le cuire 20 min à la poêle avec les **lardons** en remuant de temps en temps.
- Cassez les **œufs** sur la préparation, saupoudrez de **paprika** et laissez cuire 5 min de plus.

RISOTTO DE POULET À LA POÊLE

Plaque :
30 min

Lait de coco
4 verres

Curry (ou colombo)
1 cuil. à soupe

Riz à risotto (arborio)
2 verres

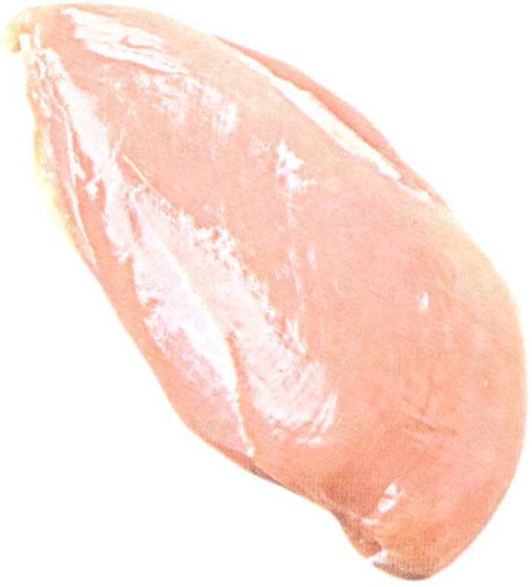

Blancs de poulet
x 2

Préparation : 5 min

1 € 25/pers.

- Mettez le **riz**, les **blancs de poulet** coupés en morceaux, le **curry** et le **lait de coco** dans une poêle à feu moyen.
- À ébullition, laissez cuire 25 min à feu doux en remuant.

STEAKS AU POIVRE

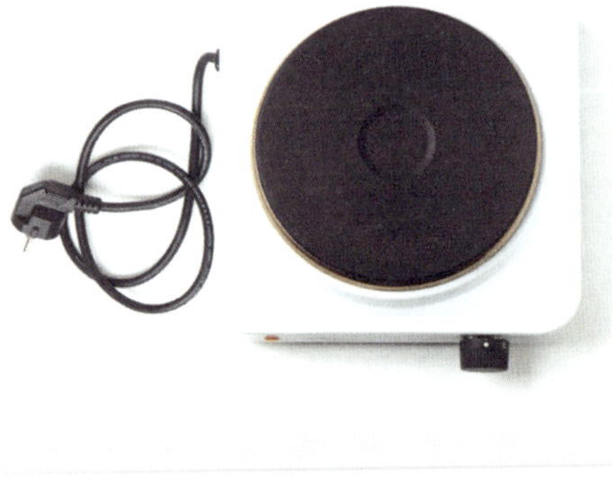

Plaque :
4 min

Steaks hachés
x 2 (ou 200 g de bœuf haché)

Sauce soja
1 cuil. à soupe

Poivre mignonnette
1 cuil. à soupe

Crème liquide
2 verres

Sel, poivre

1 cuil. à soupe d'huile

Préparation : 5 min

1 € 95/pers.

- Façonnez la **viande** en 6 boulettes, roulez-les dans le **poivre mignonnette** et faites-les saisir 1 min avec 1 cuil. à soupe d'**huile** dans une poêle.
- Ajoutez la **sauce soja** et la **crème liquide** et laissez cuire 3 min de plus en arrosant avec la sauce.
- Dégustez avec des pommes de terre cuites au micro-ondes.

CHILI À LA POÊLE

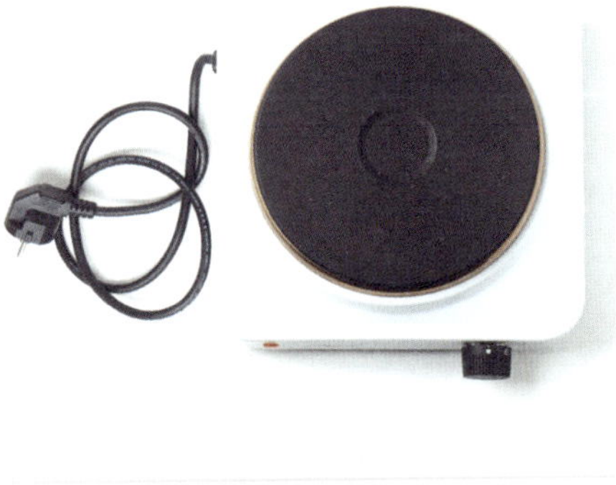

Plaque :
15 min

Haricots rouges
1 grosse boîte

Cheddar râpé
2 poignées

Steak haché
x 1 (ou 120 g de bœuf haché)

Cumin
1 cuil. à soupe

Coulis de tomate
2 verres

Sel, poivre

1 cuil. à soupe d'huile

Préparation : 5 min

1 € 85/pers.

- Mélangez les **haricots rouges** avec le **steak haché**, le **coulis de tomate**, le **cumin** et 1 verre d'eau dans une poêle.
- À ébullition, laissez cuire 5 min et ajoutez le **cheddar râpé**, remuez une fois et faites cuire 5 min de plus. Salez, poivrez et dégustez avec du riz cuit au micro-ondes.

VOLAILLE À LA CRÈME

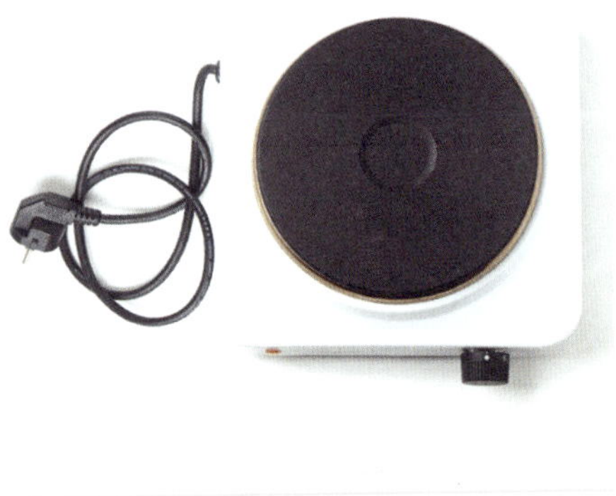

Plaque :
15-17 min

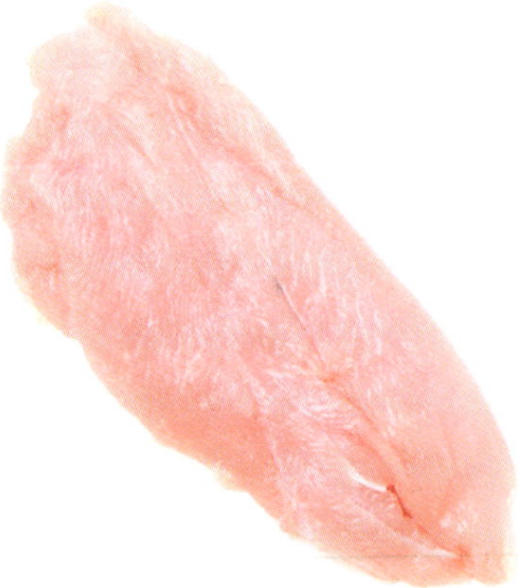

Escalopes de dinde
x 2 (petites)

Champignons de Paris
x 8 (240 g)

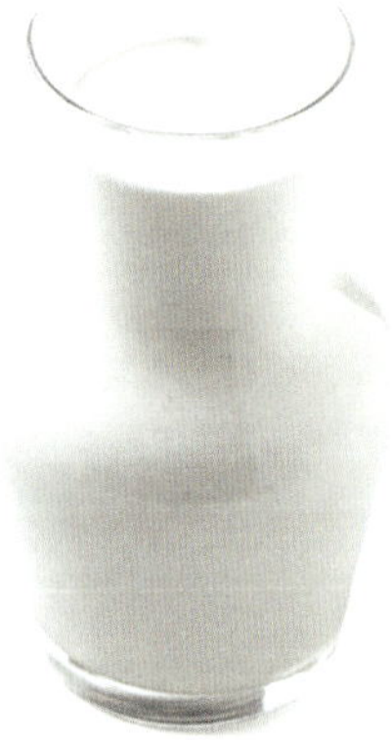

Crème liquide
2 verres et ½

Sauce soja
4 cuil. à soupe

1 cuil. à soupe d'huile

Préparation : 5 min

2 € /pers.

- Coupez les **escalopes** et les **champignons** en morceaux. Faites-les saisir 2 min à la poêle avec 1 cuil. à soupe d'**huile**. Ajoutez la **crème** et la **sauce soja**.
- Portez à ébullition et laissez cuire 10-12 min.
- Dégustez avec des pâtes cuites au micro-ondes.

BŒUF BOURGUIGNON À LA POÊLE

Plaque :
30 min

Steaks hachés
x 2 (200 g de bœuf haché)

Champignons de Paris
x 4

Vin rouge
4 verres

Bouillon cube
¼

Lardons
1 paquet (100 g)

Sel, poivre

Préparation : 5 min

2 € /pers.

- Mettez les **champignons** coupés en quartiers, les **lardons**, le **vin**, le **bouillon cube** et 2 verres d'eau dans une poêle. À ébullition, laissez cuire 15 min à feu doux.
- Ajoutez la **viande** façonnée en 8 boulettes.
- Faites cuire 15 min de plus en arrosant de temps en temps. Salez, poivrez et dégustez avec des pâtes cuites au micro-ondes.

CHILI DE VOLAILLE AU CURRY

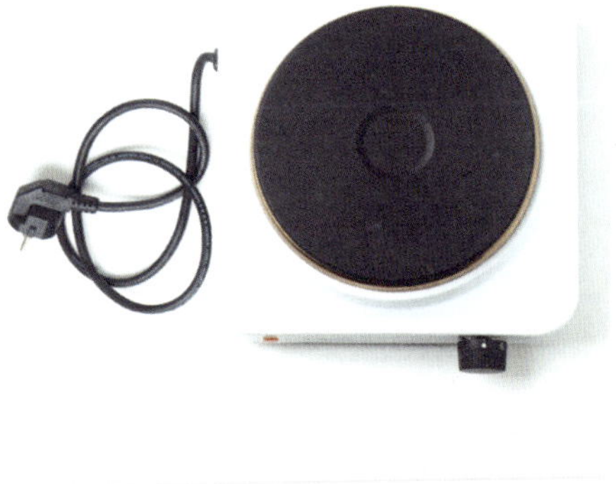

Plaque :
8 min

Blancs de poulet
x 2

Haricots à la tomate
1 grosse boîte

Curry
1 cuil. à soupe

Cheddar râpé
1 poignée

Sel, poivre

1 cuil. à soupe d'huile

Préparation : 2 min

1 € 75/pers.

• Faites revenir 5 min le **poulet** coupé en morceaux dans une poêle avec 1 cuil. à soupe d'**huile**. Ajoutez les **haricots à la tomate** et le **curry**. Salez, poivrez et laissez cuire 3 min de plus.

• Ajoutez le **cheddar** et dégustez bien chaud avec du riz cuit au micro-ondes.

ŒUFS À LA TOMATE ET À LA SAUCISSE

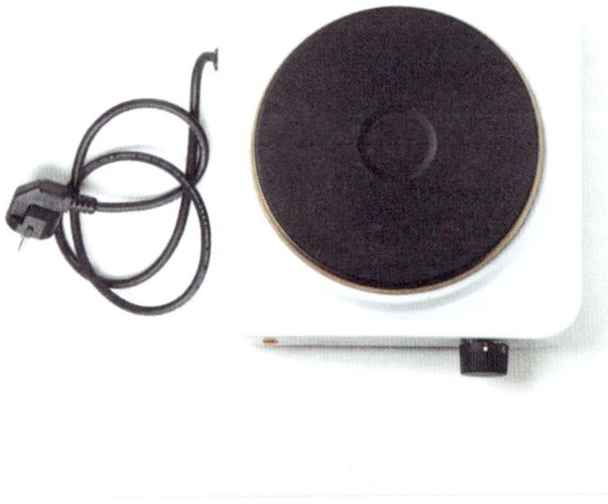

Plaque :
20 min

Œufs
x 2

Tomates pelées
1 petite boîte (400 g)

Saucisse fumée
x 1

Vinaigre balsamique
1 cuil. à soupe

Sel, poivre

Préparation : 5 min

0 € 80/pers.

• Faites cuire 15 min à feu doux à partir de l'ébullition dans une poêle les **tomates pelées** et les **saucisses** coupées en rondelles en remuant de temps en temps.

• Cassez les **œufs** sur la préparation, laissez cuire 5 min de plus. Ajoutez le **vinaigre**, salez, poivrez et dégustez immédiatement.

MOELLEUX AU CHOCOLAT AU MICRO-ONDES

Micro-ondes :
1 min

Beurre
2 cuil. à soupe

Chocolat noir
4 carrés

Lait
2 cuil. à soupe

Œuf
x 1

Farine
4 cuil. à soupe

Préparation : 5 min

0 € 45/pers.

- Faites fondre le **chocolat** et le **beurre** dans un mug 30 s au micro-ondes puissance 800 W.
- Versez le **lait** et mélangez. Ajoutez la **farine** et l'**œuf** battu, mélangez à nouveau et faites cuire 30 s de plus.

MUG CAKES POIRE ET MIEL

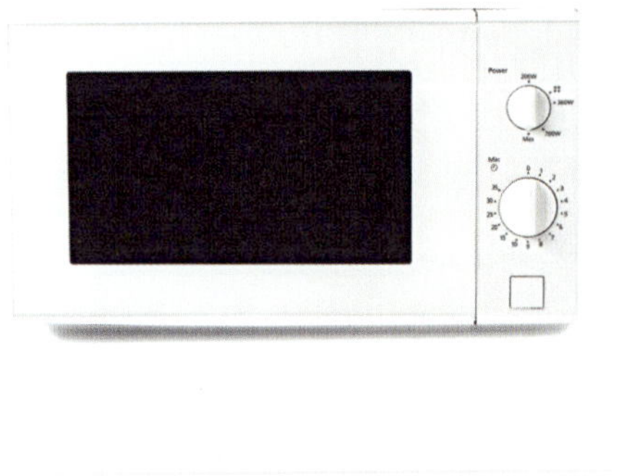

Micro-ondes :
7 min

Poire
x 1 (mûre)

Œuf
x 1

Miel liquide
2 cuil. à soupe

Lait
½ verre

Cannelle
1 cuil. à café

Préparation : 5 min

0 € 30/pers.

- Fouettez l'**œuf** à la fourchette. Ajoutez le **lait**, le **miel**, la **cannelle** et la **poire** épluchée et coupée en petits morceaux.
- Répartissez le mélange dans 2 mugs (ou 2 petits bols) et enfournez 7 min au micro-ondes puissance 800 W.

BISCUITS CHOCOLAT-NOISETTES

Micro-ondes :
3 min 30

Sucre
1 verre (80 g)

Chocolat (lait-noisettes)
10 carrés

Beurre
50 g

Œuf
x 1

Farine
2 verres

Sucre glace

Préparation : 5 min

0 € 40/pers.

- Faites fondre le **beurre** 30 s au micro-ondes puissance 800 W. Mélangez-le avec le **sucre**, la **farine** et l'**œuf**. Recouvrez le plateau du micro-ondes de papier cuisson. Façonnez des petits tas de **pâte** et posez les carrés de **chocolat** coupés en morceaux dessus.
- Enfournez 3 min au micro-ondes puissance 800 W. Poudrez de **sucre glace**.

BANANE CARAMÉLISÉE

Mini-four :
15 min
Four classique :
15 min en position gril

Banane
x 1

Pop-corn caramélisés
1 poignée

Sucre
1 cuil. à soupe

Préparation : 5 min

0 € 15/pers.

• Coupez la **banane** en 2 dans la longueur sans l'éplucher et disposez les 2 moitiés dans un plat à four. Saupoudrez-les de **sucre** et enfournez 15 min à 230 °C en mode gril.
• Parsemez les **pop-corn** grossièrement concassés et dégustez immédiatement.

BROWNIES CHOCO-NOISETTES

Mini-four:
10 min
Four classique:
10 min à 200°C

Chocolat (lait-noisettes)
24 carrés

Beurre
75 g

Œufs
x 1

Farine
½ verre

Préparation : 5 min

0 € 70/pers.

• Faites fondre le **beurre** avec le **chocolat** en morceaux 3 min au micro-ondes. Ajoutez la **farine** et mélangez. Ajoutez l'**œuf** battu et mélangez à nouveau.

• Versez la **pâte** dans un plat recouvert de papier cuisson humidifié. Enfournez 10 min à 230°C, cuisson haut et bas et dégustez froid coupé en petits carrés.

CRUMBLE AUX ABRICOTS

Mini-four :
35 min
Four classique :
35 min à 200°C

Sucre
4 cuil. à soupe

Abricots
x 6

Farine
6 cuil. à soupe

Beurre
75 g (mou)

Préparation : 10 min

0 € 80/pers.

- Mélangez du bout des doigts le **beurre** coupé en morceaux, la **farine** et le **sucre** pour obtenir une pâte à crumble.
- Répartissez les **abricots** dénoyautés et coupés en 2 dans un plat à four puis ajoutez la pâte.
- Enfournez 35 min à 230°C, cuisson haut et bas.

ROULEAUX FEUILLETÉS À LA CONFITURE

Mini-four :
30 min
Four classique :
30 min à 200 °C

Pâte feuilletée
x 1

Confiture (au choix)
1 cuil. à soupe

Amandes effilées
1 verre

Préparation : 5 min

0 € 65/pers.

- Déroulez la **pâte**, badigeonnez-la de **confiture** et répartissez les **amandes effilées** (gardez-en une pincée). Roulez la **pâte** en serrant et découpez-la en 10 tranches épaisses.
- Mettez-les sur une feuille de papier cuisson, parsemez les **amandes** restantes et enfournez 30 min à 230 °C, cuisson haut et bas.

TARTE AU CITRON

Mini-four :
20 min
Four classique :
20 min à 200°C

Pâte sablée
x 1

Citrons
x 3

Œufs
x 4

Sucre
1 verre (100 g)

Beurre
100 g

Sucre glace

Préparation : 5 min

0 € 40/pers.

• Faites fondre le **beurre** 30 s au micro-ondes. Ajoutez le **sucre**, les **œufs** battus et les jus de 2 **citrons**. Déroulez la pâte avec le papier cuisson sur la plaque du mini-four, formez des bords, versez le mélange et recouvrez de très fines tranches du **citron** restant.

• Enfournez 20 min à 230°C, cuisson haut et bas et dégustez chaud ou froid, poudré de **sucre glace**.

ROULÉS CARAMÉLISÉS AUX POMMES

Mini-four :
25 min
Four classique :
25 min à 200°C

Pâte feuilletée
x 1

Pomme
x 1

Sucre
2 cuil. à soupe

Préparation : 10 min

0 € 35/pers.

• Coupez la **pomme** en lamelles.

• Déroulez la **pâte** et saupoudrez-la d'1 cuil. à soupe de **sucre**. Découpez-la en 8 bandes et répartissez les lamelles de **pomme** sur les bandes puis roulez-les.

• Saupoudrez les rouleaux avec le **sucre** restant et enfournez sur la grille recouverte de papier cuisson 25 min à 230°C, cuisson haut et bas.

FONDANTS AU CHOCOLAT INDIVIDUELS

Mini-four :
10 min
Four classique :
10 min à 200°C

Chocolat noir
29 carrés

Beurre
75 g (mou)

Œuf
x 1

Farine
3 cuil. à soupe

Préparation : 5 min

0 € 60/pers.

- Faites fondre le **beurre** avec le **chocolat** en morceaux 3 min au micro-ondes. Ajoutez la **farine** et mélangez. Ajoutez l'**œuf** battu et mélangez.
- Versez la pâte dans 2 bols, enfoncez 2 carrés de **chocolat** au centre et enfournez 10 min à 230°C, cuisson haut et bas.

PUDDING POMME-BRIOCHE

Mini-four :
30 min
Four classique :
30 min à 200 °C

Pomme
x 1

Lait
2 ½ verres

Œuf
x 1

Sucre
1 verre

Brioche
4 tranches

Préparation : 5 min
Trempage : 5 min

0 € 45/pers.

- Battez l'**œuf** à la fourchette, ajoutez le **lait** et le **sucre**. Trempez 5 min les tranches de **brioche** coupées en 2 dans le mélange. Épluchez la **pomme** et coupez-la en fines lamelles.
- Posez-les avec les tranches de **brioche** et le mélange lait-œuf-sucre dans un plat et enfournez 30 min à 230 °C, cuisson haut et bas.

CRÊPES CARAMÉLISÉES À L'ORANGE

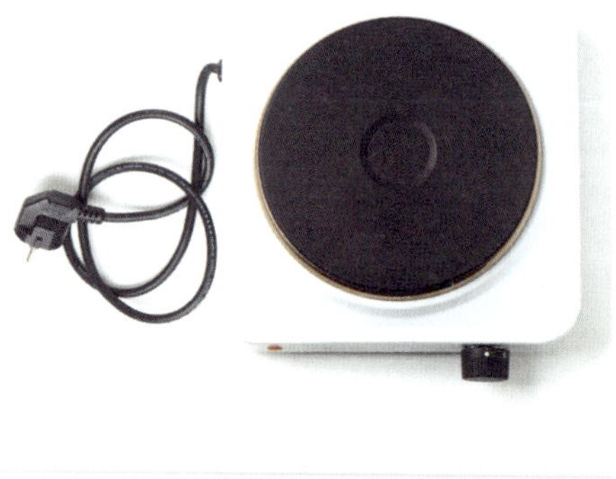

Plaque :
15 min

Crêpes
x 4

Jus d'orange
2 verres

Sucre
x 15

Préparation : 5 min

0 € 30/pers.

- Mettez les morceaux de **sucre** et le **jus d'orange** dans une poêle à feu fort.
- À ébullition, laissez cuire 5 min. Baissez la plaque, ajoutez les **crêpes** et faites-les réchauffer 5 min en les arrosant avec le jus jusqu'à ce qu'il caramélise.

TABLE DES MATIÈRES

TABLE DES MATIÈRES

DESSERTS

INDEX DES RECETTES PAR INGRÉDIENT

R

S

58, rue Jean Bleuzen – 92178 Vanves Cedex

Pour l'éditeur, le principe est d'utiliser des papiers composés de fibres naturelles, renouvelables, recyclables et fabriqués à partir de bois issus de forêts qui adoptent un système d'aménagement durable. En outre, l'éditeur attend de ses fournisseurs de papier qu'ils s'inscrivent dans une démarche de certification environnementale reconnue.

Direction : Catherine Saunier-Talec
Responsable éditoriale : Céline Le Lamer
Conception graphique et mise en pages : Marie-Paule Jaulme
Photogravure : RVB
Fabrication : Amélie Latsch
Responsable partenariats : Sophie Morier (smorier@hachette-livre.fr)

Dépôt légal : août 2017
6204083/07
ISBN : 9782016261736
Imprimé en Espagne par Graficas Estella en octobre 2024
www.hachette-pratique.com

PAPIER À BASE DE FIBRES CERTIFIÉES

2,80 kg q. CO_2
Rendez-vous sur
www.hachette-durable.fr